LES RICHES

Comment ils dépensent leur argent

Stéphane Courchaure
et François Marot

LES RICHES

Comment ils dépensent leur argent

BALLAND

Sommaire

Sommaire

Avant-propos

Leurs passeports sont américains, saoudiens, vénézuéliens, parfois européens. Ils ont en commun d'être très riches. Leur fortune, ils la doivent au pétrole, au commerce des armes, au génie de la spéculation boursière, ou encore au show-biz. La puissance de leurs comptes en banque en fait des êtres à part. Non qu'ils aient quelque chose de plus ou de moins que les autres, mais ils sont aussi éloignés de nous qu'une tribu indienne vivant dans l'épaisseur de la forêt amazonienne.

On n'apprend qu'incidemment qu'ils existent en raison d'un événement particulier repris par la presse : l'acquisition d'un tableau prestigieux lors d'une vente aux enchères, la construction - souvent entourée de mystère - d'un yacht, reléguant certains navires militaires au rang de frêles esquifs, etc. Mais, soulevé un instant, le rideau retombe très vite : comment dépensent-ils leur argent, ces gens qui possèdent parfois une fortune supérieure au budget de petits États ?

La légende du milliardaire pingre n'est pas tout à fait infondée. Il s'en trouve qui vivent comme de modestes employés, veillant scrupuleusement à ne pas jeter l'argent par les fenêtres. Leurs vêtements sont usés, ils se déplacent sur des lignes régulières en classe économique, et lorsqu'ils déjeunent au restaurant, choisissent les plats les moins chers. Heureusement pour nous et, pour les milliers de personnes travaillant dans les industries de luxe, la grande majorité des super-riches - accordons-leur le superlatif - ne comptent pas. Leur train de vie n'a rien à envier à celui de leurs prédécesseurs, aristocrates italiens, français ou russes...

Lorsque Marcel Dassault constate avec sagesse que, de toute façon, « on ne peut toujours faire que deux repas par jour », il n'a pas tort, mais ces deux-là peuvent être l'occasion de dépenses fastueuses. De même que la recherche de villas, voitures, hobbies, bijoux et autres cadeaux. La seule limite est celle de leur imagination.

Ce qui différencie les très riches de leurs semblables, ce ne sont pas uniquement les sommes qu'ils sont capables de dépenser à telle ou telle occasion. C'est aussi que, pour eux, le monde est un grand village dans lequel ils se déplacent pra-

10

tiquement sans contraintes. Plus qu'un club, ils forment une société, qui vit en marge des autres et dans laquelle les considérations d'ordre politique, linguistique ou culturel n'existent pas. Ils se retrouvent en vacances, pour leurs affaires ou même pour un dîner, à New York, Londres, Marbella ou Paris. Ils ont certes les moyens nécessaires pour mener cette vie « intercontinentale » comme dans le passé ils ont été les premiers à voyager sur les grands paquebots puis sur les vols transatlantiques. Les facilités dont ils jouissent aujourd'hui seront peut-être demain celles de la grande masse.

Les super-riches, auront, alors, découvert d'autres horizons, qui maintiendront la distance entre eux et le reste de la planète. Le voyage d'un prince saoudien dans la navette spatiale Discovery en est sûrement l'avant-goût...

Tout a un prix. Pour eux, tout s'achète et tout se vend. Enfin, presque tout... Il y a de moins en moins d'obstacles et de plus en plus d'extravagances.

Nous savions déjà peu ou prou comment ils gagnaient leur argent. Nous avons découvert, de surprise en surprise, comment ils le dépensaient. C'est beaucoup plus drôle et encore plus édifiant.

1.

D'un château l'autre

Les Français riches se comportent comme des fourmis. Leur caractère héréditaire de propriétaires est ainsi fait. Ils préfèrent accumuler silencieusement les biens immobiliers plutôt que dilapider leur capital. Inversement, les milliardaires arabes et américains, volontiers extravagants, du moins à nos yeux, ressemblent à des cigales. Mais il faut bien admettre que les grosses fortunes nationales sont moins spectaculaires que celles des émirs et autres Texans. Ceci explique sans doute cela, et de toute façon : « on est toujours le riche de quelqu'un ou le pauvre d'un autre », comme l'a déclaré un jour Guy de Rothschild.

Cela dit, lorsque Marcel Dassault - qui passe pour être le plus gros contribuable de France - remplit sa feuille d'impôts, il n'oublie pas de déclarer : sa résidence de 100 pièces à Coignières

13

(Yvelines), protégée par un mur de cinq kilomètres de long, évaluée à plus de 100 millions de francs, sa villa cannoise, son domaine viticole de Saint-Emilion, l'hôtel particulier de Passy et celui construit par le duc de Morny au rond-point des Champs-Élysées, qui abrite le journal *Jours de France.*

Le doyen de l'Assemblée Nationale n'est pas un cas isolé. Près de Toulouse, dans le village de Noé, qui le vit naître, Jean-Baptiste Doumeng possède un jardinet de 400 hectares où paissent bœufs et moutons. Fermier dans l'âme, l'industriel est également propriétaire d'un ranch au Colorado et de 80 000 hectares à travers le monde.

Il fut une époque où, chez les Rothschild, à Ferrières, un rameur faisait le tour du lac en barque, pendant les repas, afin que de la salle à manger du château, la vue sur le parc de 400 hectares soit plus attrayante. Habituée à ce que cinquante jardiniers en prennent soin, la mère du baron Guy, apercevant pour la première fois des feuilles mortes chez des amis, demanda :

« Vous les faites venir d'Europe centrale ? »

Aujourd'hui, le train de vie de cette illustre famille est plus proche de la bourgeoisie que de l'aristocratie. Ils ont vendu certains manoirs mais conservé leurs vignes qui donnent toujours l'un des plus grands crus, et les chevaux de leurs haras de Deauville sont à l'arrivée des classiques hippiques. Une anecdote racontée par Guy de Rothschild est à ce sujet éloquente :

« Niarchos et moi avons chacun un poulain de la même pouliche. Le mien s'appelle "Mille balles" et le sien "Milliard"... »

Toute la différence est là...

Il faut dire qu'en plus de son haras de Normandie, l'armateur grec possède un hôtel particulier à Paris, un immeuble à Londres, un appartement à New York et un chalet à Saint-Moritz. Mais ils ont tous deux un concurrent sérieux en la personne d'Adnan Kashoggi qui dispose d'environ vingt résidences disséminées aux quatre coins du globe : Paris, Londres, Cannes, Beyrouth, Riyad, Djedda, un ranch au Kenya - considéré comme le plus important du pays - et surtout un petit paradis terrestre qui s'étend sur 1 900 hectares, soit treize fois la superficie de Monaco, à une quinzaine de kilomètres de Marbella. Là, au cœur de l'Andalousie, entre cinq lacs artificiels, il élève une trentaine de pur-sang arabes et chasse dans sa réserve personnelle peuplée de 1 200 cerfs et de 70 000 faisans. Soixante-dix employés veillent en permanence sur ce domaine, et ils sont capables de tout agencer en moins de deux heures afin de recevoir dignement les invités arrivés sur l'héliport privé.

Soucieux du bien-être de son voisinage, Kashoggi a également racheté l'appartement qui se trouve en dessous de celui qu'il possède déjà sur la 5e Avenue, à New York. Ainsi, la piscine aux côtés transparents qu'il y avait installée ne gênera pas les autres locataires.

C'est également à Marbella, dans ce lieu de villégiature privilégié, que le roi Fahd s'est offert une villa de 100 pièces qui jouxte une mosquée. Mais le souverain ne passe qu'une semaine par an dans son palais de Kensington, à Londres, qui ne contient pas moins de vingt et un salons et qui lui a pourtant coûté 5 milliards de centimes et le double en travaux. Parfois, il fait un détour dans son pied à terre genevois où la piscine est décorée de 800 000 carreaux de mosaïque dont 40 000 sont en or.

Tout comme les autres milliardaires, Akram Ojjeh doit être bien embarrassé lorsqu'il décide de passer une soirée tranquille chez lui car il peut choisir entre : quatre appartements parisiens, un cottage à Londres, une résidence à Genève, un château à l'Isle-Adam, son domaine de Mougins, son palais de Marbella ou celui de Riyad.

Elizabeth d'Angleterre passe pour être la femme la plus riche du monde. Tel le Vatican, Buckingham fait figure d'État dans l'État même si lui n'en est pas vraiment un. 346 domestiques

16

pour 650 pièces et 17 hectares de parc. Un horloger remonte huit heures par jour les 300 pendules. Les cuisines sont si éloignées des salles à manger que les plats sont transportés sur des chariots chauffants. Le palais royal dispose de son propre bureau de poste, d'un commissariat, d'une banque, d'une école, d'un cinéma, d'une infirmerie et de six restaurants. Non loin de ses appartements le prince Philip s'est fait aménager une piscine chauffée et une salle de squash. Heureusement qu'une partie des dépenses d'entretien - environ 50 millions de francs lourds - sont prises en charge par les contribuables.

Le palais du roi Khaled d'Arabie est encore plus grandiose. Commencé en 1979, il paraît désormais plus imposant que le château de Versailles dont les vingt cabinets d'architectes et de décorateurs sollicités se sont fortement inspirés. Il faut reconnaître qu'avec un budget illimité il est plus facile d'imaginer les choses en grand. Des chaises aux appliques en passant par les boiseries, l'intérieur des corps de bâtiment réservés au roi et au prince héritier sont de style Louis XV. Avec 100 000 mètres carrés de sol dallés en marbre, la grande salle à manger, qui peut accueillir 2 000 convives, est l'exacte réplique de la galerie des Glaces. Le bureau royal mesure trente mètres de long et sept de hauteur. Trois cuisines, 5 000 mètres carrés d'appartements privés sont réservés au harem. Mais à la différence de Versailles, on y trouve également : une antenne chirurgicale, une caserne, un abri anti-atomique, deux piscines, dix salles de cinéma, vingt salles de conférences, une centrale électrique, un terrain d'aviation, un héliport et des robinets de lavabos en or massif. Les couloirs sont tellement vastes que l'on y circule en voiture électrique, et c'est une autoroute à trois voies qui permet d'accéder directement du palais aux dépendances !

Le palais du sultan de Brunei, quelque peu similaire et qui abrite également trois ministères, a coûté 25 000 000 de francs. Cela donne une petite idée du montant de celui du roi Khaled. A l'Élysée, François Mitterrand doit se sentir à l'étroit.

Après les trains, qu'il aime collectionner, Hassan II s'est, lui, découvert une passion pour les greens. Sur les conseils d'un architecte spécialisé dans la construction des golfs, il a fait aménager quatre parcours tout près de son palais, pour passer ses nerfs après un conseil des ministres tendu.

Certains grands de ce monde possèdent tant de domaines qu'ils en oublient parfois jusqu'à l'existence. Dona Victoria Eugenia, duchesse de Medinacelli - cinquante et un titres, une centaine de propriétés - tourne distraitement les pages d'un magazine et s'attarde sur la photo d'un très joli château. Ce n'est qu'en lisant l'article qu'elle découvre qu'il lui appartient. Depuis, à chaque printemps, au moment où fleurissent les camélias, cette châtelaine y passe... deux jours.

Même lorsque l'on représente les intérêts de la première puissance mondiale, il n'est pas toujours aisé de réussir une transaction immobilière. Le duc de Westminster est l'un des plus riches propriétaires du Royaume-Uni. Sur Grosvenor Square, son principal locataire se trouve être l'ambassade des États-Unis. Seulement, l'usage veut que chacune de ses résidences diplomatiques à l'étranger soit sur une terre nationale. Le gouvernement américain insiste donc depuis des années pour que le duc accepte de lui vendre la parcelle de terrain sur laquelle se trouve l'ambassade. Il n'y a pas très longtemps, l'affaire faillit se conclure. Le pair du royaume souhaite, qu'en contrepartie, lui soient rendues les terres de ses ancêtres - d'une superficie de 12 000 acres, situées en Floride - confisquées lors de la guerre d'Indépendance.

« Pas de problème, répond l'ambassadeur, mais où se trouvent-elles précisément ?

- Je pense qu'il s'agit de Miami », répond le duc.

Depuis, les pourparlers sont gelés...

Plus incroyable que la démesure apparente des maisons, le visiteur découvre parfois avec effarement des détails bien anachroniques dans certaines pièces. Dans les cabinets de toilette de sa villa de Noortweg, Alfred Heineken - de la bière du même nom - s'assoit sur des cuvettes de w.c. en plaqué or. C'est aussi dans cet endroit retiré de son château qu'un comte français a accroché un Toulouse-Lautrec.

Rares sont les belles demeures sans tapis d'Orient. Une Parisienne en a acheté dix, de deux mètres sur trois, pour sa maison de campagne. Placés autour de la piscine, ils servent uniquement à ce qu'en sortant de l'eau ses enfants n'aient pas froid aux pieds. Un riche armateur grec n'aime pas particulièrement les tapis mais reconnaît que cela peut se révéler un bon investissement. Il les entasse donc dans les chambres de bonnes. Un des principaux actionnaires d'Euromarché s'est fait construire un mas provençal près de Paris. Pendant toute la durée des travaux, chaque pierre et chaque ouvrier venaient, tous frais payés, du sud de la France. En sept ans, ce monsieur s'est acheté pour 15 millions de francs de tapis du Cachemire.

Les émirs arabes se sont offert tant de demeures dans South Kensington, que désormais les Londoniens ont ironiquement rebaptisé la rue « Saudi Kensington ». Devant la recrudescence de cette clientèle peu encline à garder l'argent dans un bas de laine, un magasin de New Bond Street s'est reconverti dans l'exportation vers les pays du Golfe. Il livre régulièrement des chandeliers transformés en douche, des robinets aux allures de grenouilles, rhinocéros ou éléphants. Son collègue de Sloane Street vend des palmiers en cuivre et des lits de cuir blanc avec hi-fi encastrée. A Biggin Hill, un chenil entraîne à la garde des bergers allemands qui sont ensuite acheminés en Arabie. Noël Mander a réalisé pour le salon du sultan d'Oman un orgue en noyer, acajou et bois de rose comportant 700 tuyaux.

Pour se distraire, un riche Arabe qui possède à Hampstead - quartier résidentiel de Londres - une maison de 15 millions de francs avec jardin d'hiver, orangerie et piscine en forme de haricot, vient de s'offrir un faux crocodile. Ce gadget télécommandé, mécanique et articulé, coûte 100 000 francs. Sans doute par nostalgie du pays, Mohammed Mehdi Al Tajir a transformé son cottage anglais en palais oriental. Les fauteuils sont en argent massif, et un dôme recouvre la piscine. Ces quelques petits aménagements lui sont revenus à 750 000 livres.

Les décorateurs et architectes français ont également profité de cette aubaine. Pierre Victor, un marbrier célèbre, a réalisé en quelques années une trentaine de palais en Arabie Saoudite, dont le coût moyen unitaire n'est jamais inférieur à 150 millions de francs pour des surfaces allant jusqu'à 15 000 mètres carrés. Les salles de bains, véritables thermes, possèdent des baignoires massives, c'est-à-dire taillées dans le cœur du bloc de marbre, et valent en moyenne 200 000 francs. Pour une table en sodalite bleue, il faut compter entre 50 et 200 000 francs.

« J'ai vu, dit-il, un palais où chacun des quatre salons faisait 1 500 mètres carrés avec une hauteur de plafond de 12 mètres. Tous les murs, en marbre, sont décorés de colonnes dorées à la feuille d'or. Il y a également plusieurs lustres en cristal d'au moins 800 000 dollars chacun. Mais le plus fou, c'est que lorsque l'on réalise, en France ou à l'étranger, des ouvrages de plusieurs dizaines de millions pour des Arabes, on ne les rencontre même pas. Nous traitons toujours avec des intermédiaires. »

Jean-Claude Delepine, spécialiste de sanitaires, abonde dans le même sens :

« Les salles de bains les plus nombreuses et les plus importantes se trouvent sans conteste en Arabie Saoudite et au Koweit. C'est la surenchère pour la taille des villas. Beaucoup font 2 000 à 3 000 mètres de surface couverte. Cela veut dire qu'il y faut environ quinze salles de bains. Un véritable petit Trianon de 9 000 mètres carrés vient d'être achevé au Koweit. L'équipement sanitaire, avant installation des salles de bains, coûte plus de 3 millions de francs. Mais il est vrai que les mélangeurs de lavabo, incrustés de lapis-lazuli, font déjà 30 000 francs pièce. »

Un architecte qui aménage actuellement une villa pour un prince, à Djedda, révèle :

« Le terrain fait 5 250 mètres carrés et la maison, en bordure de mer, 1 300 mètres. Fenêtres, tentures, rideaux, moquettes, menuiserie, tout vient d'Europe. Les Arabes n'ont découvert la maintenance que depuis trois ou quatre ans. Auparavant, lorsque l'aménagement intérieur commençait à s'abîmer, on enlevait tout et on recommençait. En général, ce style de villa est équipée avec le dernier cri en matière technique : dessaleur d'eau de mer, générateurs électriques, téléphone sans fil dans toutes les pièces et, sur le toit, une antenne parabolique de deux mètres cinquante de diamètre, qui permet de recevoir douze canaux européens. »

Un décorateur d'origine libanaise, installé en France, partage ses activités entre son bureau parisien et celui de Beyrouth. Au Moyen-Orient, il travaille à longueur d'année sur des chantiers de villas dont l'échelle nous est inconnue : de 7 000 à 10 000 mètres carrés couverts, devant héberger plusieurs centaines de personnes, famille, amis et domestiques. En comparaison des maisons de ces princes, souvent saoudiens, les décors des super-productions hollywoodiennes font penser à des films à petit budget :

« En Arabie, bien souvent, les propriétaires de ces palais ne savent même pas le nombre de pièces mises à leur disposition. Au mieux, pensent-ils, il doit y en avoir de cent à deux cents. On trouve tout à l'intérieur : pressing, menuiserie, plomberie. Une seule pièce peut atteindre des surfaces qui, ici, feraient le bonheur d'une famille de quatre personnes. Les chambres, dressing et salles de bains de certains princes font facilement 200 m². La cuisine n'est pas oubliée puisque quelques-unes atteignent 400 m². »

Bien entendu, les prix sont en rapport. Ce décorateur estime que 15 à 20 millions de dollars sont une somme « raisonnable », ou en tout cas nécessaire pour des villas de cette dimension. Décoration comprise, bien sûr...

Après avoir rempli et signé un chèque de 50 millions, le cheik Kalifa Bin Amad Al Tani dispose, au Qatar, d'un palais comprenant : trente-cinq salles de bains, une salle à manger pour 350 personnes, un bowling, une mosquée souterraine, un abri anti-atomique, une clinique, un cinéma, un héliport et, ouf !, un dispositif qui fabrique artificiellement des nuages. Au cas où la chaleur l'incommoderait, sans doute.

Extérieurement, la maison de Cheikha Badya, riche femme d'affaires koweitienne, ressemble à une soucoupe volante. A l'intérieur, les canapés suivent l'architecture des murs arrondis. Les hublots sont en vitraux et le jeu d'échecs, posé sur la table, est en or, émail et incrustations de turquoises.

L'environnement n'entre pas toujours en ligne de compte au moment de l'achat. Mehdi al Tajir, ambassadeur extraordinaire de Dubaï, milliardaire de surcroît, n'a pas hésité à payer un demi-million de livres sterling pour acquérir le "Merewort Castle", situé dans le Kent, au bord de l'autoroute. Cette situation géographique ne semble pas le déranger, à l'inverse de ce prince saoudien qui s'est fait construire un immeuble dans le centre de Djedda. Le bâtiment terminé, il s'est rendu compte qu'il était bien trop près d'un carrefour à forte densité de circulation. Il fit alors démonter le bulding pierre par pierre et obligea les ouvriers à le rebâtir cent mètres plus loin... A l'écart.

Aaron et Candy Spelling, qui se sont offert, à Hollywood, la maison de Bing Crosby pour 10 250 000 dollars cash, s'entendraient sûrement bien avec ce Saoudien. Le couple de producteurs l'a immédiatement fait démolir afin d'en édifier une plus à leur convenance. Le nouveau nid d'amour, de style français, mesure un kilomètre de long, abrite une patinoire, un bowling et un zoo. Protégés par plusieurs gardes du corps et tout un système vidéo, les Spelling ont également en permanence, devant la grille du parc, une voiture de police destinée à impressionner les cambrioleurs. Ce que ces derniers ne savent pas, c'est que Aaron l'a récupérée après un tournage...

« Généralement, confie une milliardaire de Palm Spring (Los Angeles), un hectare ici coûte 1 600 000 dollars. Nous possédons tous de grandes maisons avec piscine, jacuzzi, et court de tennis. Dans les garages, il y a régulièrement une Mercedes, une Ferrari ou une Maserati. Actuellement la mode veut que nous ayons à demeure un chef cuisinier venant d'un restaurant étranger. Il est également de bon ton de faire venir, chaque matin, un professeur de gymnastique. Cela vaut entre 50 et 60 dollars la leçon. »

A Hollywood, le mauvais goût en matière de décoration est entré dans les mœurs. Il fait même figure d'originalité. Mais ici, personne ne songe à se mesurer avec Mohammed Al Fassi.

En 1978, il achète, pour 2,4 millions de dollars, un terrain sur Sunset Boulevard. Quelques mois après, les voisins peuvent apercevoir une maison peinte en vert phosphorescent, des massifs de fleurs en plastique, et des statues en albâtre avec du noir pour les poils pubiens et du rose pour les organes génitaux. Lorsqu'il pleut, le propriétaire se précipite dans le jardin et recouvre ses œuvres d'art d'imperméables...

Une des maisons les plus extravagantes des États-Unis se trouve également à Palm Beach, en Floride. Sa propriétaire y a fait construire plusieurs théâtres couverts et de plein air, à partir de matériaux achetés principalement près de Florence. Cette riche mélomane a une préférence pour les concerts en extérieur par soir de clair de lune. Mais la météo a ses caprices contre lesquels l'argent ne peut rien. Pour remédier à d'éventuels passages de nuages qui gâcheraient son plaisir, elle dispose, sur son toit, d'un bras mécanique se déplaçant sur un rail et qui supporte un disque dont le diamètre correspond exactement à celui du satellite de la terre. Celui-ci peut se déplacer selon une trajectoire similaire et à la même vitesse que son modèle. Cette milliardaire a réussi l'impossible : décrocher la lune.

Le célèbre acteur américain Bob Hope, dont la fortune est aujourd'hui estimée à 200 millions de dollars grâce, entre autres, à de judicieux placements, possède une propriété à Los Angeles et trois autres à Palm Spring. L'une d'entre elles, située sur un terrain de 200 hectares, dispose d'une piscine de 30 mètres de long que les invités confondent souvent avec un véritable lac naturel.

Pour le bicentenaire de l'Indépendance, Joan King Herving, veuve d'un magnat du gaz, a reçu

27

dans sa demeure de vingt-trois pièces une foule
de princes, ministres et diplomates. Ayant appris
que le roi Charles-Gustave de Suède aimait les
discothèques, elle n'a pas hésité à faire abattre
les murs du premier étage pour installer un véritable night-club.

Depuis plusieurs années déjà, les Américains
font attention à leur ligne et passent de longues
heures à soigner et entretenir leur corps. Dans
cette optique, à Dallas, au sommet de son gratte-
ciel personnel, Mel Powers, jeune Texan de
trente-six ans au nom prédestiné, devenu milliardaire après d'importantes opérations immobiliè-
res, s'est fait aménager le plus beau gymnase
privé du monde. Machines de musculation chro-
mées ultra-sophistiquées, sauna, jacuzzi, le tout
délimité par une petite rivière artificielle équipée
de vagues mécaniques. Comme cet athlète ne
supporte pas d'attendre l'ascenseur, il se rend directement en hélicoptère de son gymnase au rez-
de-chaussée, et du rez-de-chaussée à sa chambre
à coucher. La réplique exacte de cette salle de
body-building se trouve également sur son yacht
et dans chacune de ses innombrables propriétés.

Bob Guccione, patron de presse dont les titres
vont de *Penthouse* à *Omnia*, une revue scientifi-
que, est aussi fier de sa réussite sociale que de

son hôtel particulier de New York décoré de toiles de maîtres. Au sous-sol, il se baigne quotidiennement dans une piscine entourée de statues de marbre, importées d'Italie. Il aime se faire photographier en compagnie de Kathy, son épouse - la « business woman » la mieux payée de la ville avec 400 000 dollars par an - et de ses chiens, dont plusieurs employés s'occupent exclusivement. Son dernier achat : le piano doré de Judy Garland, arraché lors d'une vente aux enchères.

L'autre maître de la revue masculine de langue anglaise, Hugh Hefner, créateur de *Play-Boy*, possède à Chicago une immense bâtisse. Le journaliste André Bercoff l'a visitée :

« Si mes souvenirs sont exacts, il y a toujours plusieurs "bunnies" (jeunes mannequins qui posent pour le journal) autour de Hefner, invariablement vêtu d'un pyjama de soie, la pipe à la bouche et le verre de Coca-Cola à la main. On trouve un peu partout des buffets garnis de cuisine chinoise, américaine et européenne. Les étages inférieurs et le sous-sol sont occupés par des salles de jeux et de cinéma projetant continuellement des classiques du western, ainsi que par une piscine transparente avec un bar en dessous. Cela permet d'admirer les nageuses en buvant un verre. Il y a également un hammam et un dancing. La rédaction de *Play-Boy* se trouve aux étages supérieurs. Le dernier, c'est la chambre du maître des lieux. Il couche dans un lit pivotant de quatre mètres de diamètre. Des circuits vidéo intérieurs lui permettent de surveiller tout ce qui se déroule dans les autres pièces. Vingt-quatre heures sur vingt-quatre il y règne une ambiance de fête. »

Sans doute fatigué par la présence de ses contemporains, Hugh Hefner vient de s'offrir, pour un million de francs, un robot qui se déplace, sert les boissons et qui, grâce à son œil électronique, est capable de lire, à haute voix, n'importe quel texte imprimé.

Le génial garnement du tennis, John McEnroe, vit actuellement, entre deux tournois, à Central Park, avec Tatum O'Neal dans un somptueux triplex évalué à un million de dollars. Mais ce prix est bien loin d'égaler celui de la maison de George et William Cecil, les petits-fils de George Washington Vanderbilt II. Située à Asheville, en Caroline du Nord, « Bilmore House » comprend 250 pièces et un domaine de 4 856 hectares. On estime sa valeur actuelle à 480 000 000 de francs. Ce serait la plus chère du monde.

Le papa de « E.T. », Steven Spielberg, outre sa garçonnière d'un million de dollars à New York, vient d'acquérir un terrain de 10 millions de dollars sur Bel Air, le quartier où résident les plus grandes stars. Il compte investir 20 millions de dollars afin d'y construire deux manoirs, trois maisons d'amis, une salle de cinéma et plusieurs courts de tennis.

David Porras, le décorateur en vogue chez les milliardaires texans, sera-t-il chargé de l'aménagement intérieur ? Quoi qu'il en soit, il peut très bien se passer de ce contrat. Il perçoit déjà, en moyenne, 10 millions de dollars tous les six mois. Cela lui permet d'entretenir un parc de quatorze voitures (deux Rolls, Ferrari...) et ses ranchs du Missouri comme du Texas d'une superficie de 3 000 hectares. Ils ont tous des routes asphaltées et des sculptures dans les champs pour amuser le bétail, à défaut de voie ferrée. Chacune de ses bêtes à cornes vaut un demi-million de dollars.

« C'est parce qu'il s'agit de reproducteurs », précise-t-il.

Les deux plus grands collectionneurs de disques d'or de la planète vivent dans un paradis d'eau et de fleurs. Michaël Jackson l'a trouvé à Encino, en Californie. Son parc avec zoo, tennis, golf, et « grand huit » s'étend sur plusieurs dizaines d'hectares et est étroitement surveillé. L'idole n'en sort presque jamais, sinon à bord de son hélicoptère privé.

Indian Creek, près de Miami Beach. C'est là

que se repose, en famille, Julio Iglesias. De plain-pied, face à la piscine, la salle de séjour fait trente mètres de long et huit de largeur. Toutes les pièces sont décorées avec une sobriété et un bon goût surprenants par rapport aux émirs du voisinage.

Sûrement rassasiés des chambres d'hôtel, les rock stars s'assagissent. Depuis qu'il a racheté pour 2 200 000 francs le « Domaine de la Fourchette », un magnifique château à Poce-sur-Cisse, près d'Amboise, Mick Jagger est devenu un véritable hobereau tourangeau. Lorsqu'il s'y rend, avec sa femme et leur bébé, c'est pour le restaurer ou bien pour cultiver son jardin potager.

Afin d'échapper aux paparazzis et à ses fans, Paul McCartney a fait élever un grillage d'un mètre quatre-vingts de hauteur autour de sa villa du Sussex. Un mirador de 19 mètres de haut sert aux vigiles mais également de point d'observation du paysage pour le chanteur.

A l'instar de Marlon Brando, reclus au large de Tahiti, l'ex-Beatles, George Harrison, quelque peu inquiet pour sa sécurité depuis l'assassinat de John Lennon et la tentative d'enlèvement de Linda McCartney, s'est réfugié sur une île déserte au large des côtes australiennes. Une villa-forteresse est déjà en chantier. Quant aux autorités, elles ont interdit que la retraite du chanteur soit survolée.

La veuve de John Lennon, Yoko Ono, possède environ 150 millions de dollars. Elle dispose de quatre ranchs en Virginie, en Floride et de plusieurs appartements d'une dizaine de pièces chacun dans l'immeuble Le Dakota, proche de Central Park. Dans ce building résident également Rudolf Noureev, Lauren Bacall et Elton John. Elle est passionnée d'antiquités égyptiennes, et la plupart des meubles de ses résidences, peintes en blanc, sont d'authentiques pièces de musée.

Mais s'il y a un homme qui sait parfaitement rentabiliser sa demeure, c'est probablement le propriétaire du ranch de Southfork. Il loue son domaine 10 000 dollars par semaine aux producteurs du feuilleton *Dallas*. De plus, les cinq chambres de la maison sont louées aux visiteurs de sept heures du soir à neuf heures du matin. Soit la durée de l'entracte entre deux tournages.

Le château de Camfield ferait sûrement l'affaire lui aussi pour un feuilleton... à l'eau de rose. C'est à trente kilomètres de Londres, dans le Hertfordshire, que la spécialiste du roman rose, Barbara Cartland, vit et travaille dans un univers de la même couleur que son œuvre littéraire. De style Tudor, le château de Camfield est recouvert de vigne vierge et s'étend sur 200 hectares. On y trouve le chêne sous lequel, selon la légende, Elizabeth d'Angleterre aurait abattu son premier daim. Des rosiers, des azalées fleurissent par milliers. La grille du parc, la barrière de protection, la porte d'entrée et la maison des gardiens sont peintes en turquoise. Et la décoration intérieure ainsi que les tenues vestimentaires de Barbara Cartland sont de teintes identiques...

2.

Des cadeaux par milliers

Une petite fille joue sur la plage de Malibu, en Californie. Elle fouille et retourne le sable à la recherche d'un improbable trésor. Puis, hurlant de joie, elle court vers sa nurse en brandissant un gros coquillage à la forme tourmentée et aux couleurs vives. Un coquillage rare - et cher - sous ces climats. La nature n'est pour rien dans cette découverte insolite. La responsable est la maman de la petite fille. C'est elle qui demande à la nurse de dissimuler des coquillages exotiques dans le sable. C'est simple et cela fait la joie des enfants lorsqu'ils les découvrent.

La mère, c'est Candy Spelling, la femme du producteur de la célèbre série télévisée *Dynasty*, qui ne sait quoi inventer pour gâter ses bambins. Il y a deux ans, son imagination a réellement atteint des sommets. Pendant les fêtes de Noël, réalisant que la Californie n'est pas la Sibérie, et que la neige y est une denrée plus rare que les stars, elle décide de leur faire connaître un véritable hiver. Mieux qu'au cinéma. Une autre aurait emmené les enfants à la montagne, par exemple. Elle fait le contraire. Elle décide que le plus simple est encore de faire venir la neige.

Dans la nuit du 24 au 25 décembre, un convoi de lourds camions fit donc le chemin entre les régions du Nord et Hollywood, transportant des tonnes de neige. Arrivé à bon port, un groupe est chargé d'étaler la poudreuse sur toute l'étendue de la propriété. Tout est terminé à temps, et, conformément au souhait de Candy Spelling, ses enfants ont le Noël blanc de leurs rêves et organisent des batailles de boules de neige. Au petit matin, tout a fondu.

Candy Spelling doit d'ailleurs faire partie de ces 258 000 Américains capables de dépenser plus de 10 000 dollars (près de 100 000 de nos francs) pour offrir un présent à un proche. Ce chiffre, extrait d'un sondage effectué par les professionnels des industries de luxe aux États-Unis, est sûrement bien supérieur à ce qui peut exister en France.

Des cadeaux par milliers

Nos compatriotes riches - et les Européens - sont de toutes façons plus raisonnables que leurs *alter ego* californiens. Ici, on envoie les enfants aux sports d'hiver. On ne fait pas venir les stations à domicile. Ne soyons tout de même pas trop sévères. Les gosses de riches sont encore souvent gâtés. Si les hochets qu'on leur offre ne sont pas toujours à la mesure des bijoux de leurs mères, ils ont de « beaux » jouets. A tel point que certains magasins proposent à leur clientèle des automobiles à pédales, munies de commandes d'embrayage, d'accélérateur et de frein. Et si la voiture est à l'échelle réduite, le prix, lui, ne l'est pas.

A Paris, le spécialiste du jouet de luxe, c'est, depuis 1836, le Nain Bleu. On peut y acheter une très belle réplique de Bugatti à moteur pour 15 300 francs. La carrosserie noire et la sellerie en cuir sont du meilleur effet. Elles contribuent sans doute à façonner le goût du jeune héritier, qui, son permis en poche, pourra difficilement se satisfaire d'autre chose que d'une Rolls Royce. Le roi d'Arabie Saoudite ne s'y est pas trompé. Il a tout de même demandé à Pascal Morabito d'améliorer le modèle de base en revoyant l'aménagement intérieur et en le complétant :

« Je conçois la sellerie et les bagages de Bugatti pour ses enfants et ceux de sa famille, dit-il. Afin que ceux-ci puissent s'amuser, il fait construire

une piste dans les jardins d'un palais. Je dois
aménager une quinzaine de ces voitures. Un autre prince du pétrole m'a demandé le même type
de travail sur une vingtaine de petites Mercedes
qui, elles, ont un moteur électrique, contrairement aux Bugatti qui ont un vrai moteur à essence. » Les enfants auraient mauvaise grâce à ne
pas s'amuser, avec des jouets qui, nouvelle sellerie comprise, coûteront entre 40 et 50 000 francs
pièce. Ces petits Saoudiens et Koweitiens ne sont
pas seuls à jouer les Fangio de poche au volant
de monstres à leur échelle.

A en croire une vendeuse du Nain Bleu, de
jeunes Français sillonnent, pied au plancher, les
allées du parc familial : « Nous vendons très régulièrement ces répliques à moteur. Elles intéressent particulièrement la clientèle qui vit beaucoup à la campagne. Elle estime que c'est le type
même de cadeau susceptible d'amuser un enfant,
tout en l'obligeant à rester dehors, au grand air. »

Dans cette optique on ne fait rien de mieux
que la décapotable. Bernard Carant en présente
quelques modèles dans son magasin parisien.
Pour les enfants à l'esprit sportif, une Ferrari
« Le Mans » ou une 308 GTS à l'échelle 1/2 (res-
pectivement 44 475 et 88 950 francs, TTC, bien
entendu) sont conseillées. Ces répliques à moteur
ne sont pas moins luxueuses que leurs grandes
sœurs : boîte automatique, amortisseurs indépen-

dants, différentiel autobloquant, freins à disques, radio et démarreur électrique les équipent « en série ». Seule la vitesse n'est pas à l'échelle. Ces bombes ne sont que des pétards qui ne dépassent pas le 45 km/heure. Chaque chose en son temps. Leurs jeunes conducteurs auront bien le loisir plus tard de commettre des excès de vitesse. Ils doivent quand même se sentir frustrés. Surtout ceux qui pilotent le « top » : une petite Lamborghini Countach dont le moteur développe 11 CV à 3600 tr/mn. Son prix est largement celui d'une vraie voiture - si tant est qu'elle n'en soit pas une -, 92 000 francs. Mais tous les enfants n'ont pas forcément envie de négocier des virages entre les parterres de fleurs.

S'ils sont plus calmes et s'ils préfèrent rester à la maison, ils peuvent toujours mettre à l'épreuve leur dextérité en construisant des modèles réduits. Telle cette maquette de bateau de pompier rouge vif, aux détails suffisamment riches et précis pour que le kit vaille 19 000 francs au Nain Bleu.

A côté, la panoplie de Napoléon (500 francs, chez le même fournisseur), pour les 5-8 ans, fait pâle figure. On est en droit de se demander ce qui peut justifier un prix aussi bas. L'histoire est décidément bradée.

Etant raisonnablement sexiste, on peut estimer que ces « jouets » sont plutôt destinés aux jeunes héritiers mâles. Les petites filles ont des goûts plus raisonnables. Leurs poupées, même les plus sophistiquées, n'atteignent pas les mêmes prix. Sauf si les parents voyagent. Un magasin de jouets à New York propose depuis quelques mois des poupées « Dynasty ». Krystle et Alexis Carrington (Linda Evans et Joan Collins) sont probablement moins sophistiquées que les figurines qui les représentent. Mesurant 40 cm de haut, elles portent de vraies parures de diamants, des boucles d'oreilles en pierres précieuses et des vêtements - robes de soirée et manteaux - en soie et vison. Chaque poupée coûte plus de 10 millions de centimes. Brise-fer s'abstenir. Un « bébé Dynasty », plus rustique, est aussi disponible. Il ne coûte que 500 francs mais possède quand même une gourmette de naissance.

Les jouets traditionnels, même ceux que nous venons d'évoquer, limitent les possibilités des parents très riches ou imaginatifs. Pour les enfants comme pour leurs aînés, les cadeaux suprêmes restent les bijoux. Les diamants sont éternels. C'est ce qu'a dû se dire Adnan Kashoggi à l'occasion du baptême de sa filleule. Il a offert à celle-ci, fille du prince Alfonso Hohenlohe, un sac en cuir Gucci garni de 50 diamants bruts. L'homme d'affaires saoudien est un homme pressé. Il fit juste un passage à Marbella où avait lieu la cérémonie, avant de repartir, dans son jet privé, à Gstaad où il donnait le soir même une réception au Palace Hotel.

Cet homme politique d'Afrique Noire qui entra un jour chez Morabito cherchait un bijou pour sa fille. Après avoir vu quelques pierres, il jette son dévolu sur un diamant d'un carat monté sur une bague et demande :

« J'aimerais la montrer à ma fille qui est dehors, dans la voiture. Il faut qu'elle l'essaye. »

Une inquiétude légitime s'empare de la vendeuse, qui redoute de sortir dans la rue les dizaines de milliers de francs que représente la pierre :

« Est-ce bien nécessaire ? Ne pourrait-elle venir dans le magasin ?

- Oui. Elle est timide et n'ose pas entrer ici. »

Après un long palabre, la vendeuse accepte. Elle a la suprise de trouver dans la grosse limousine noire officielle une petite fille de cinq ans qui tend sa main afin que l'on prenne ses mesures. Il est encore trop tôt pour savoir combien de fois la bague sera réajustée avant la majorité de la jeune cliente. En attendant, elle jouera peut-être cette belle pierre transparente, avec des amis d'école, aux billes.

41

Faire réellement plaisir à un enfant n'est pas si simple quand il est très jeune. Cela devient plus facile au moment de l'adolescence, lorsque ses goûts s'affirment. S'il offre des diamants aux bébés, Kashoggi - décidément inévitable - sait tenir compte des penchants de sa fille Melissa. Afin de fêter de façon éclatante son vingt et unième anniversaire, à la fin de l'année en 1984, il lui offrit... Liza Minnelli ! La partenaire de Robert de Niro dans *New York New York* interpréta pour l'occasion la chanson du film. La prestation fut facturée 3 millions de francs, sans parler du déplacement puisque le jet du Saoudien fit, pour la chanteuse, l'aller et retour entre New York et Vienne, où se déroulait l'événement. Le plaisir de Melissa et l'étonnement de ses amis d'école ou d'université valaient bien ce petit sacrifice. Quand on peut...

Nous touchons ici le fond du « drame » des riches. Offrir quelque chose à des enfants ou à des adolescents nés fortunés, c'est difficile mais pas impossible. Mais comment faire plaisir à un milliardaire, qui par définition peut tout s'offrir ? Le classique flacon de parfum, la cravate ou même la montre ne pèsent pas d'un grand poids à côté des collections d'impressionnistes, des Rolls Royce et autres écuries de course.

C'est pour cette raison qu'un peu partout des magasins et des créateurs proposent des gadgets originaux - ou qui essaient de l'être - destinés aux super-riches.

Los Angeles, Santa-Monica Boulevard. Une femme entre dans un magasin dont le nom est déjà tout un programme : "The Price of His Toys" (Le prix de ses jouets). Grande, blonde, saine et bronzée, bref, californienne, elle s'adresse à Alvin, le directeur du magasin :

« Que puis-je offrir à un homme qui a déjà tout ?

- Jusqu'à combien pouvez-vous aller ?

- 10 000$ (100 000 francs). »

Alvin ne se démonte pas. Il affronte quotidiennement ce type de questions. *Business as usual.* Il est justement là pour satisfaire une clientèle exigeante et blasée. L'originalité de son magasin est de vendre des jouets pour adultes. Ils ne diffèrent pas beaucoup de ce qui existe pour les enfants. Simplement, c'est plus cher. Le prix d'un pistolet à air comprimé, par exemple, y est beaucoup plus élevé que celui d'une Kalatchnikov au marché noir : près de 7 000 francs. Les hommes d'affaires qui sont restés de grands enfants ne résistent pas au sévère attaché-case garni d'un petit train électrique complet. Fonctionnant à l'énergie solaire, il coûte près de 20 000 francs. Plus sérieux sont les échecs électroniques dont les pièces se déplacent seules et qui lui permettent de jouer contre lui-même (4 000 francs). Le gros succès de ces derniers mois reste la machine à chanter. Elle fait la joie des businessmen de la côte Ouest. L'appareil propose plus de 600 refrains célèbres. Ils constituent un fond musical qui accompagne le chanteur. Ainsi, s'offrir l'impression d'être sur scène avec un orchestre complet coûte plus de 20 000 francs, prix de la machine en question.

A Paris, certains joailliers inventent régulièrement des gadgets pour leurs clients que les bijoux traditionnels et les montres n'amusent plus. Le thermomètre médical en or de chez Boucheron arrivera peut-être à leur arracher un sourire, au moins s'ils sont occidentaux : « Il a beau marcher, c'est avant tout un objet humoristique. Il a tellement de succès que certaines personnes nous en achètent plusieurs d'un coup, malgré son prix (12 000 francs). Cependant, pour des raisons religieuses, c'est un gadget qui ne se vend pas au Moyen Orient », dit-on chez le bijoutier. Mais la destination finale d'un tel objet est plus souvent une table, une vitrine, les Anglo-Saxons, gros acheteurs, prenant leur température sous les bras.

Moins ambiguë, mais d'usage plus fréquent

pour les maniaques du soda : la paille à Coca-Cola en or massif, toujours chez Boucheron. Malgré son prix (2 000 francs), il n'est pas rare que certains clients en achètent par douzaines. Souhaitons que les petits tubes en or ne soient pas détournés de leur vocation première, la coke, poudre blanche moins innocente, se consommant de la même façon...

Ces exemples restent néanmoins relativement raisonnables. La démesure ici encore - les fans de *Dallas* apprécieront - nous vient du Texas. En comparaison des catalogues de grands magasins texans, l'inventaire de Prévert est d'une platitude affligeante.

Neiman Marcus est un bazar. Précision : pour personnes très riches... Il faut l'être lorsqu'on hésite entre offrir une île dans le Pacifique, un sous-marin de poche (ou les deux), ou encore un planeur à réacteur. Mais la maison propose des objets plus personnalisés. Comme ces automates à l'effigie de clients ou amis qui, télécommandés, sont programmés pour rire à vos bons mots ou dire oui - en plusieurs langues - à tout ce que vous dites. C'est tout de même plus satisfaisant et divertissant que de passer de longues heures dans une pièce remplie de mannequins.

Dans un genre identique mais fonctionnel, on trouve le robot domestique. Il ouvre les portes, souhaite la bienvenue aux visiteurs, leur sert un verre, promène les plantes ou arrose le chien, à moins que ça ne soit le contraire. La technologie a ses faiblesses.

Un autre magasin texan n'hésite pas à proposer des prestations hollywoodiennes à sa clientèle. Si le parc de votre résidence est assez grand, vous pouvez obtenir, pour 500 000 francs seulement, une représentation du plus grand cirque du monde. Si vous rajoutez 1,5 millions de francs, le peintre avant-gardiste Andy Warhol se déplace, conçoit et tourne un film sur l'événement. Le catalogue permet de constater que le pape de *l'underground* garde les pieds sur terre quand il s'agit d'argent. Ces tarifs ne concernent bien sûr que le territoire des États-Unis. Un déplacement en Europe gonfle sensiblement la facture. Prévoir l'hébergement des artistes...

L'événement majeur de l'année 1981 fut sans aucun doute le mariage de Charles d'Angleterre avec Lady Diana Spencer. Célébré en la cathédrale Saint-Paul de Londres - comme dirait Léon Zitrone -, il rassura les sujets britanniques sur l'avenir de la Couronne, le prince de Galles ayant jusqu'alors manifesté un intérêt relatif à l'institution du mariage et à ses conséquences.

Des cadeaux par milliers

Tout ce que le monde compte de têtes couronnées et de roturiers fortunés s'était déplacé pour l'occasion. Bien élevés, ces invités célèbres ou anonymes n'étaient pas venus les mains vides. Exposé, l'ensemble des cadeaux ressemble à un stand de brocante. Le bon et le mauvais goût s'y côtoient démocratiquement. Pinces à linge, aspirateurs, fours à micro-ondes font bon ménage avec l'argenterie, les assiettes en or et les bagages offerts à la jeune mariée par Juan Carlos d'Espagne et sa femme, des valises de cuir gris frappées de l'initiale « D ».

La liste des personnes ayant offert un cadeau est digne du *Who's who*. Le sultan de Brunei a envoyé un service à thé et à café en argent massif. Le président Ronald Reagan reste très simple, avec un bol de cristal taillé. L'héritier du trône d'Arabie Saoudite, fidèle aux fastes de l'Orient, a déposé aux pieds de la jeune princesse de Galles des parures de diamants.

De son côté, le petit peuple du Royaume-Uni tient à participer à sa façon. Les dons sont hétéroclites. Cela va de la brique presse-papier à un couple de vaches offertes par l'île de Jersey, si d'aventure le *milkman* matinal devait avoir une défaillance. L'armée britannique est plus pragmatique. Elle offre au couple royal un bon pour la construction d'une piscine par la troupe !

Après quelques siècles la monarchie anglaise a

appris à gérer ces montagnes de présents aux origines diverses.

Ainsi, lors d'une visite de la reine au Canada, le yacht royal *Britannia* eut du mal à ne pas couler sous le poids des 400 cadeaux reçus à cette occasion : notamment une statue équestre, des manteaux de vison, un bloc de minerai de fer, un bateau à moteur, et un très champêtre tableau représentant une centrale électrique.

La famille royale a mis au point une façon de se débarrasser de certains cadeaux malvenus. Elle les dépose dans des musées auxquels elle les « prête » et qui les exposent aussi longtemps qu'ils le désirent. Si par hasard, le donateur passe par Buckingham, le présent est immédiatement ressorti afin de ménager sa susceptibilité.

Il est plus facile, lorsqu'on est riche, de faire des cadeaux que d'en recevoir. Car si la fortune apporte la générosité en plus de la richesse, les présents sont à la mesure de ce cocktail.

Depuis plusieurs années, un homme d'une cinquantaine d'années pousse régulièrement la porte de chez Van Cleef & Arpels, place Vendôme. Il vient toujours à la même période, dans les jours qui précèdent Noël. Depuis longtemps, il organise, dans un chalet lui appartenant, un dîner en compagnie d'une douzaine de couples d'amis. Ce soir-là, les femmes doivent croire au

Père Noël. Si elles avaient été sceptiques auparavant, ce qu'elles trouvent dans leur assiette, ce soir du 24 décembre, dissipe leurs doutes.

Car cet homme qui vient une fois par an chez Van Cleef sait soigner ses amies. A chacune de ses visites il demande à voir les nouveautés. « Il achète douze ou vingt cadeaux. Des bijoux dont chacun coûte entre 15 et 20 000 francs. Il en choisit un plus beau que les autres, qu'il destine à sa femme. »

Pour généreux qu'il soit, ce client ne fait après tout qu'entretenir l'amitié. Plus impressionnant, le cadeau fait à une personne quasi inconnue. Les princes arabes sont, dans le monde, les grands champions de cette catégorie.

Ce médecin anglais eut du mal, malgré son excellente éducation, à dissimuler sa gêne lorsqu'il reçut comme cadeau un cheval de course. Son patient, saoudien, tenait ainsi à le remercier de l'excellence des soins prodigués dans sa clinique privée de Londres.

Répétée plusieurs fois, l'anecdote de la voiture de maître offerte au... chauffeur s'est déroulée dans toutes les grandes capitales. Paris, bien sûr, n'échappe pas à la règle. Le pompiste de Paul-Loup Sulitzer non plus.

L'auteur du *Roi Vert* habite dans le 16e arrondissement à Paris, non loin du bois de Boulogne. Il a l'habitude de faire le plein de sa voiture dans une station-service de l'avenue Henri Martin. Aujourd'hui, il a presque honte de garer sa voiture à côté de celle du pompiste, une puissante Mercedes 500.

« Il travaillait là depuis quelques mois lorsqu'un jour une jeune princesse arabe s'arrête à la station, raconte Sulitzer. Il est algérien ; ils commencent à discuter ensemble. Elle est à Paris pour quelques semaines, ne connaît pas la capitale et lui demande :

« Pourriez-vous me faire visiter la ville pendant vos jours de repos ? » Il accepte et tous deux passent plusieurs week-ends à se promener dans Paris dans la Mercedes 500. Le jour de son départ, pour remercier le pompiste, la jeune femme est venue lui apporter la Mercedes et la lui a laissée en remerciement. »

Moins édifiant, certes, fut le cadeau d'anniversaire que fit Michaël Jackson à sa mère, Katherine. Celle-ci eut d'abord droit à une « party » dans l'un des restaurants les plus cotés de la région. Le cadeau fut dévoilé pendant les festivités : une Rolls Royce rouge empaquetée avec une faveur de satin blanc. Si ça n'est pas forcément très discret, cela fait quand même plus plaisir qu'un robot-minute ou qu'une lampe de chevet.

Elle affirme adorer la France parce que, dit-elle, « c'est le seul pays du monde où l'on puisse faire l'amour l'après-midi sans que quelqu'un vienne frapper à la porte en demandant si vous êtes malade ». Malgré cette francophilie bien compréhensible, il est difficile de ne pas constater que les cadeaux que fait Barbara Cartland à ses visiteurs ne sont pas somptueux. C'est pourtant vrai. Elle qui est, sans conteste, l'écrivain le plus prolixe du XXe siècle, offre toujours le même présent aux hôtes de passage : un gland, doré certes, mais un simple gland quand même. Il est le symbole du chêne historique qui trône dans sa propriété du Hertfordshire.

Au chapitre des cadeaux bucoliques, il serait dommage de ne pas citer celui que fit Jean-Baptiste Doumeng au Premier secrétaire du PC d'URSS d'alors, Leonid Brejnev. Le « milliardaire rouge » lui offrit une tonne de fraises pour son anniversaire. En conclure que la santé du numéro 1 soviétique s'est dégradée à partir de ce moment-là et qu'il est mort d'une intoxication alimentaire est peut-être hâtif...

Sergei Kausov, lui, est en pleine forme. Citoyen soviétique, il avait épousé Christina Onassis à Moscou le 1er août 1978. L'alliance du capitalisme et du communisme n'a pourtant pas survécu aux vicissitudes de la vie quotidienne. Le 8 mai 1980, le divorce est prononcé à Saint-Moritz - par souci d'équilibre, sans doute. Mais l'héritière de l'armateur grec n'est pas une ingrate. Sa séparation d'avec Sergei est l'occasion d'un cadeau original : un pétrolier. Séduit par les charmes empoisonnés de l'Occident, le camarade Kausov n'est pas retourné avec son pétrolier dans la mère patrie. Il a préféré s'installer à Londres où il coule des jours heureux. Depuis, mais c'est une autre histoire, Christina s'est remariée avec un Français, Thierry Roussel, qui lui a donné une héritière.

Dans un couple, les ruptures ne sont pas toujours les seules occasions de faire des cadeaux.

Chez Lachaume, LE fleuriste de Paris, on ne compte plus les exemples d'amour conjugal exprimé chaque jour par ces maris attentionnés qui ont choisi de le dire avec des fleurs.

Monsieur Ricci est l'un d'eux. Le grand couturier-parfumeur fait livrer quotidiennement un bouquet à sa femme, où qu'il soit dans le monde. S'il est à Paris, il passe déposer le petit mot qui accompagnera les fleurs. Mais comme c'est un homme équitable et élégant, il lui arrive d'en faire livrer également à des collaboratrices ou à des journalistes, dont la déontologie risque, après, de faner plus vite que la gerbe de roses reçue.

Les fleurs c'est bien, mais le blé c'est mieux. Surtout lorsqu'il est peint par Van Gogh. Le 25 avril 1985, un tableau du peintre hollandais atteint, lors d'une vente aux enchères à New York, la somme fantastique de 92 565 000 francs. Un record mondial pour une toile impressionniste. « Paysage au soleil levant » faisait partie de la collection Florence Gould. Cette Américaine, décédée quelques mois auparavant, avait amassé une collection d'œuvres en grande partie impressionnistes. A sa disparition, sa collection est mise aux enchères. Le 25 avril, le monde entier, étonné, apprend que c'est un acheteur privé - désirant garder l'anonymat - qui a payé cash les 10 millions de dollars pour ce paysage dont son auteur disait qu'il cherchait à y exprimer une « grande sérénité et une grande paix ». Il en faut en tout cas pour signer un chèque d'un tel montant.

Depuis la vente, un nom court dans les milieux des commissaires-priseurs et dans les salles des ventes. Le nouveau détenteur de ce chef-d'œuvre serait un homme d'affaires américain : Alfred Taubman. Il l'aurait acheté pour faire un cadeau à sa femme. L'heureux acquéreur ne s'est pas encore manifesté officiellement en tout cas, et l'on ne saura probablement jamais quel salon et quelle villa le soleil éclatant qui surplombe ce paysage de champ de blé, illumine aujourd'hui.

Alfred Taubman a bâti sa fortune grâce au commerce de détail. Cette activité souvent modeste l'a quand même conduit à diriger un empire financier qui compte - entre autres - une banque à Detroit, capitale mondiale de l'automobile.

On dit que c'est parce que sa femme lui raconta ses déboires de jeunesse chez Christie's, la célèbre entreprise de ventes aux enchères, qu'il racheta en 1983 le concurrent de cette maison : le non moins fameux Sotheby's. Son objectif étant probablement de damer le pion à Christie's et lui faire payer ainsi le manque de courtoisie de certains de ses employés envers Mme Taubman il y a quelques années. Mme Taubman a quand même dû hésiter entre le ravissement et le doux reproche. Car ce cadeau, qui est aussi un investissement juteux, a coûté à Alfred un bon milliard de francs lourds. Le paysage de Van Gogh n'est plus alors qu'une folie accessoire. Une faveur. Ou plutôt le petit mot que le prétendant énamouré glisse dans un bouquet destiné à sa belle.

Ces deux « cadeaux » sont, en plus, complémentaires. Si Mme Taubman se lasse de voir le paysage de Van Gogh dans son salon, elle saura toujours où le revendre. Ce sera l'occasion d'une autre vente record, sur laquelle Sotheby's, société lui appartenant, touchera un pourcentage. Rien ne se perd. De tout temps, art, argent et cadeaux ont été indissociables. Alfred Taubman, par exemple, ne se contente pas d'acheter un chef-d'œuvre à sa femme de temps en temps. Sa fortune, il l'utilise aussi pour animer diverses fondations artistiques.

Les riches financiers, les grands capitaines d'industrie ont remplacé les mécènes d'autrefois, les aristocrates, les papes et les banquiers. Les dons - ces cadeaux faits à diverses sociétés ou associations - sont une façon fréquente de dépenser son argent, surtout lorsque les sommes données sont déductibles des impôts.

L'année 1984 fut marquée en Angleterre par un événement assez éloigné des préoccupations de ce livre : la longue grève des mineurs refusant la fermeture de certains puits. Après plusieurs mois, des milliers de familles se sont retrouvées sans ressources et ont commencé à connaître de graves difficultés financières. A la fin de l'année, ce conflit social risquait de mettre en péril le Noël de Jean-Paul Getty II, le fils de Jean-Paul Getty. Ce dernier, considéré jusqu'à sa mort comme l'homme le plus riche du monde mais aussi le plus pingre, était connu pour son constant souci d'économie qui se manifestait - entre autres - par l'installation d'une cabine de téléphone payante dans le hall du château qu'il possédait en Grande-Bretagne.

Son héritier, Jean-Paul II, est moins regardant. Ému par la difficile situation des mineurs anglais, il fait don, au mois de novembre 1984, de plus d'un million de francs, à un fonds destiné à venir en aide aux familles des « gueules noires » pendant la période de Noël. « Je ne crois pas que j'aurais pu avaler mon dîner de Noël si je n'avais pas fait quelque chose pour le leur », a-t-il dit.

Homme généreux et équitable, il offre quelques jours plus tard la même somme aux mineurs non-grévistes, afin que, eux aussi, malgré la terreur que leur inspirent les piquets de grève, puissent passer d'heureuses fêtes de fin d'année. Ensuite, la conscience libérée, il peut tranquillement savourer sa dinde. A la même époque, Getty II, décidément soucieux du bonheur de ses contemporains, quels qu'ils soient, offre un piano Steinway de 190 000 francs à un pianiste britannique en difficulté, et passablement dépressif, John Ogdon. Peu après il fait un cadeau moins spectaculaire, moins original et plus classique en signant un chèque équivalent à une somme de soixante milliards de centimes (!) à l'ordre de la National Gallery de Londres. Son président, Jacob Rothschild, s'en frotte encore les yeux, d'autant que ce cadeau inattendu avait été précédé d'un autre - vingt-quatre milliards de centimes à peine... - des Sainsbury, propriétaires d'une importante chaîne de supermarchés britanniques, soucieux d'assurer l'extension de la galerie. Jean-Paul Getty II s'est contenté de justifier son présent :

« Aucun musée des États-Unis n'a besoin d'aide et surtout pas celui de Malibu ! » a-t-il affirmé, en un clin d'œil appuyé au musée de son père qui dispose, tout de même, d'un budget hebdomadaire de dix-huit millions de francs...

Au début de l'année, un mécène jusqu'alors peu connu en France se manifeste de façon éclatante dans ce pays. Le sultan de Brunei, Sa Majesté Hassanal Bolkiah, était plus célèbre en Grande-Bretagne. Il avait, un jour, alors qu'il rentrait chez lui après un peu de shopping à Londres, proposé de racheter l'aéroport d'Heathrow. Sa proposition, formulée comme une boutade, avait pour origine une grève paralysant l'aéroport londonien. Son jet privé bloqué au sol par le mouvement, il avait demandé à régler la question en rachetant le tout, étant pressé de rentrer dans son sultanat.

A Paris, il n'a pas encore offert de racheter Roissy, mais ses passages sont particulièrement appréciés depuis qu'il a fait quelques dons au début de l'année 1985. Pour sa fondation, Claude Pompidou est la première à recevoir cette manne venue d'une minuscule enclave, gorgée d'or noir, située sur l'île de Bornéo. Il lui donne 5 millions de francs. Profondément croyant, ce musulman, qui suit à la lettre les prescriptions du Coran recommandant la charité, n'en reste pas là. Il offre un million de francs au collège américain de

Paris et un million cinq cent mille au « Ritz Paris Hemingway Award », un prix destiné à favoriser les activités culturelles et à récompenser un romancier chaque année. Le souci du sultan étant de faire connaître son pays au monde entier, on peut supposer qu'il est sur la bonne voie. A ce rythme-là - il fait le même genre de cadeaux dans de nombreux pays -, il serait ingrat de ne pas avoir envie de connaître le Sultanat de Brunei.

Son visage rond et jovial, sa manière de parler un peu crue, et en tout cas directe, est célèbre dans toute l'Amérique. En quelques années, il a sauvé la troisième grande marque de voitures américaine. A soixante ans, Lee Iacocca va devenir un modèle pour les chefs d'entreprise au-delà de l'Atlantique et au Japon. Au moment où il reprend Chrysler, personne ne parierait un cent sur l'avenir de la firme. Les difficultés actuelles de Renault paraissent légères en comparaison de ce qu'a connu la firme de Detroit. Les plans de licenciements touchaient des dizaines de milliers d'ouvriers de l'entreprise. Aujourd'hui, Chrysler réembauche et fait des super-profits. Lee Iacocca, son patron, n'a pas hésité, pour en arriver là, à vendre lui-même ses voitures dans des spots télévisés célèbres en Amérique. C'est pourquoi, lorsque paraissent ses *Mémoires* au début de l'année, il bat tous les records pour un ouvrage de ce type : près de deux millions d'exemplaires vendus en quelques mois. Les droits de Iacocca se montent à 40 millions de francs. Estimant que les 20 millions de dollars annuels qu'il gagne (200 millions de francs) sont suffisants pour vivre, il fait don des droits de son livre à plusieurs fondations. Notons que la première à bénéficier de ses largesses est la fondation Lee Iacocca, organisation philanthropique dirigée par sa fille Kathi. Il aide également un hôpital spécialisé dans la recherche sur le diabète, sa femme ayant succombé à cette maladie.

Les hommes d'affaires américains, les rois du pétrole n'ont pas le monopole de la générosité. Les stars aussi participent au mouvement. Les sommes données n'ont parfois rien à envier aux exemples cités. Marlon Brando est célèbre pour avoir dépensé une grande partie de sa fortune pour les enfants « qui crèvent de faim dans le monde ». Il est le premier à donner l'exemple puisqu'il est parrain d'une trentaine d'enfants déshérités ou orphelins. Plus étonnant est le récent don de Bruce Springsteen, pop star américaine. Il a offert 150 000 francs à un hôpital de l'Arizona consacré aux policiers blessés en service. Probablement moins sensible aux problèmes de maintien de l'ordre et de sécurité, Elton John a versé 500 000 francs sur le compte bancaire de la Fondation Grace de Monaco, qui récompense par une bourse les neuf meilleurs élèves des écoles d'art dramatique de New York.

Grandeur d'âme et fortune ne sont pas le lot de tous les milliardaires en ce bas monde. Ni dans l'autre d'ailleurs. Témoin cette mauvaise blague dont fut victime une jeune veuve, il y a quelques années. Son mari, le milliardaire américain Clive Raphael, meurt dans un accident d'avion près de Poitiers. La jeune femme, un ancien mannequin nommé Penny Brahms, déjà éprouvée par la perte de l'être cher, a une désagréable surprise à l'ouverture du testament. Non content de disparaître prématurément, son mari a fait preuve d'une cruauté mentale post mortem insoutenable. Dans ses dernières volontés, il a légué à Penny 50 centimes et quatre photos d'elle, nue, imaginant probablement que cela constituerait un atout pour un nouveau départ dans la vie...

3.

L'addition, s'il vous plaît !

Un soir chez Laurent, célèbre restaurant des Champs-Élysées. Dans la grande salle illuminée, tous les regards convergent vers une table de quatre personnes. L'une d'elles est un riche homme d'affaires libanais. De passage à Paris, il a tenu à inviter ses amis à dîner et à découvrir les délices de la gastronomie française.

Curieux au point de ne pas jeter un regard à la carte, il se contente de la commander en totalité car il veut tout connaître. Face à ce défi, il choisit l'option du gourmet, et picore plus qu'il ne mange chacun des mets que lui apporte une procession de serveurs. Si ses yeux sont plus grands que son ventre, la table, elle, est trop petite pour recevoir cette multitude de plats et de coupes. Bientôt, ce sont trois grandes dessertes croulant sous l'avalanche de victuailles, qui entourent les quatre convives. Dès que le contenu de chaque assiette est « goûté », celle-ci est réexpédiée à la cuisine pour faire place aux suivantes. Ce manège se déroule sous l'œil fasciné et parfois envieux des autres clients.

Enfin repu, ce singulier client demande l'addition. Il n'y prête guère plus d'attention qu'à la carte, extrait de ses poches des liasses neuves de billets de 500 francs encore craquants et les jette sur la table sans sourciller.

Etonnant pour les dîneurs présents, ce comportement est d'une affligeante banalité pour les grands restaurateurs parisiens que plus rien ne surprend. Pourtant, les exigences parfois bizarres commencent dès la réservation.

Chez Maxim's, on a enregistré avec soin la prière de ce client, un gentleman britannique qui désire avoir une table bien placée le 31 décembre 1999, en vue de fêter le premier jour de l'an du troisième millénaire. Plus prudent encore est cet Américain qui vient de réserver une table chez Taillevent pour le 13 juillet 1988, date de son cinquantième anniversaire. Ces désirs bien innocents ne sont pas difficiles à satisfaire, même si cela complique un peu la gestion des maisons en question qui doivent tenir à jour des agendas courant sur plus de dix ans.

Elles doivent affronter de véritables casse-tête. Un jour Claude Terrail, propriétaire de la Tour d'Argent, le plus ancien grand restaurant de Paris, créé il y a plus de quatre siècles, reçoit un appel du secrétariat d'un milliardaire américain, qui veut passer un week-end entier à la « Tour ». Souhait ambitieux quand on sait que l'établissement n'a rien d'hôtelier. Plus pittoresque est son idée d'arriver de l'aéroport d'Orly en hélicoptère, et d'atterrir sur le toit.

« Nous avons réussi à obtenir une autorisation exceptionnelle de la part des autorités afin que notre client puisse arriver en hélicoptère. »

Décidément gâté, celui-ci peut également s'installer pour quarante-huit heures sur place, Claude Terrail ayant accepté d'aménager les salons de la Tour. Un lit pliant, mais luxueux, est même fabriqué spécialement pour l'occasion.

Il a le bon goût, pendant son séjour, de prendre la pension complète, approfondissant ainsi ses connaissances gastronomiques sur les mille et une façons d'accommoder le canard. Mieux, il réserve pour un soir toutes les tables du restaurant afin d'inviter une trentaine d'amis à dîner. Au moment où le sifflement de la turbine d'hélicoptère annonce le voyage de retour, la petite escapade du milliardaire lui aura coûté - uniquement à la Tour - plus de 400 000 francs en deux jours. De quoi faire avaler leurs casquettes de yachtmen aux riches Britanniques qui, périodiquement, viennent accoster le long des quais de la Seine, au pied de la « Tour ».

Lorsqu'on a beaucoup d'argent, on peut aussi faire venir chez soi les chefs les plus prestigieux du monde. L'expérience, pour les intéressés, peut s'avérer aussi riche que la cuisine qu'ils préparent. Alain Senderens, rénovateur et grand maître de Lucas Carton, place de la Madeleine, l'a appris avec l'Américain Roy Carver. Le roi du rechapage de pneus d'avions.

Pendant une croisière en Méditerranée, le bateau sur lequel navigue le chef cuisinier, avec sa femme et des amis, arrive de nuit à Palerme, en Sicile. Épuisé, l'équipage manœuvre dans l'obscurité ; au petit matin, il réalise qu'ils sont amarrés à côté d'un énorme yacht, le *Lack II*. Le propriétaire du monstre, amusé par cette coque de noix, s'informe de l'identité de ses occupants. Il apprend que l'un d'eux est Senderens, alors chef de l'Archestrate. Passionné de gastronomie, il l'invite à bord du *Lack II,* afin de lui faire les honneurs de la cave et avoir son avis sur ses vins. Car Roy Carver, qui aime montrer sa richesse, est très fier du mécanisme qui permet à ses bouteilles, quelle que soit la gîte du bateau, de rester toujours stables. Sa déception est donc grande lorsque Alain Senderens émet quelques réserves sur la qualité des crus qu'il soigne avec amour :

« Ils sont quelconques. Ce sont des vins de négociants qui n'ont aucun intérêt. Si vous venez à Paris, je vous donnerai des adresses. »

64

L'addition, s'il vous plaît !

Piqué au vif, Roy Carver téléphone un jour aux Senderens :
« Je suis à Paris. Quand se voit-on ?
- Passez ce soir, je vous dirai où acheter. »
Après une soirée agréable et instructive, l'Américain repart avec des conseils et l'idée qu'il fera venir le chef français, chez lui aux États-Unis.
Cette perspective n'enchante pas Senderens, assez peu favorable aux déplacements de ce type. Aussi quand, à la fin de l'année, il reçoit un nouvel appel d'Amérique, il cherche, avec sa femme, toutes les raisons de ne pas s'y rendre :
« J'aimerais que vous veniez chez moi, à Miami, afin de préparer les deux réveillons, de Noël, et du Nouvel An.
- C'est d'accord, à condition que nous puissions venir tous les deux, accompagnés de trois assistants. »
Leurs espoirs sont vite déçus. Ces exigences ne font pas reculer Roy Carver. Ils n'ont plus d'autre solution que d'accepter l'expérience, et ne la regretteront pas.
Sur place, Alain Senderens prépare non seulement les repas des 25 et 31 décembre, mais en plus, il fait chaque jour la cuisine pour son hôte et ses invités. Cherchant à varier les menus, il demande un matin à Roy Carver :
« Si j'avais de la viande de bœuf de qualité, je

pourrais l'utiliser pour le dîner de ce soir. Où pourrais-je en trouver ?

- Aucun problème. J'ai un ranch dans le Colorado. Allez y choisir le bœuf qui vous convient. »

Il suffisait de le demander. Précision qui ne manque pas d'intérêt : plus de deux mille kilomètres séparent la Floride du Colorado. Un shopping de cinq mille kilomètres pour déguster des steaks convenables !

Il suffit au cuisinier français de prendre l'ascenseur jusqu'au rez-de-chaussée, où est amarré le yacht de Carver, l'immeuble étant en bord de mer. Là, il prend l'hélicoptère stationné à bord, qui l'emmène à l'aéroport privé de Miami où un Mystère 20 l'attend. Arrivé sur place, près de Denver, Alain Senderens est conduit jusqu'aux gigantesques chambres froides du ranch où il sélectionne la viande dont il aura besoin.

Pendant la dizaine de jours que durera leur séjour, les Français découvriront d'autres motifs d'étonnement. Ainsi, leur hôte vit un drame permanent. Richissime, il rêve que l'on parle de lui dans les journaux du monde entier, qu'il dévore avec passion. Mais il n'arrive pas à intéresser les journalistes, situation aussi pathétique qu'insolite, la plupart des milliardaires déployant habituellement des trésors d'imagination pour échapper à la curiosité de la presse. La présence du cuisinier français sous son toit lui donne quand même l'occasion de combler cette lacune. Il invite à sa table Liza Minnelli et le chanteur Tom Jones, tous deux de passage à Miami. L'un et l'autre acceptent avec enthousiasme. Le miracle se produit enfin : les rubriques spécialisées évoquent l'événement et son nom apparaît dans les colonnes des gazettes. Même s'il ne fait pas les gros titres, cette première rend Roy Carver euphorique.

Curieusement, bien que généreux, il garde au fond de lui une ultime parcelle de pingrerie qui peut apparaître, par exemple à l'occasion de la préparation d'une sauce.

Pour accompagner les entrecôtes qu'il avait été chercher à 2 000 km de là, le cuisinier lui demande de choisir une bouteille de vin rouge pour faire une sauce bordelaise. C'est la goutte qui fait déborder la barrique. Le vernis craque. Roy Carver ne supporte pas l'idée de « gâcher du bon bordeaux » à de telles fins. Estimant qu'il affronte là une manifestation de la légèreté et de l'insouciance françaises, il résiste et ne consent à donner qu'une bouteille aux origines incertaines. Après des heures de négociation et de patience, Alain Senderens le fait revenir à de meilleures dispositions, et c'est la mort dans l'âme qu'il finit par lui en donner une qui lui coûta plus que les 300 francs qu'elle valait.

Ce n'est pas aux cuisines, mais dans les salles de bains que ses invités feront les plus surprenantes découvertes. Au nombre de quatorze (pour un appartement en haut d'un gratte-ciel), elles sont entièrement décorées d'onyx, aux tons et nuances chaque fois différents.

Impressionnés par ce luxe, les Senderens demandent à leur hôte dans quelles conditions avaient été aménagées ces pièces. L'explication jaillit, limpide :

« J'avais commandé de l'onyx à différentes mines d'Amérique du Sud. Comme les arrivages étaient lents et irréguliers en raison de la mauvaise organisation de la production, j'ai acquis une mine. Dès cet instant, les quantités extraites ont été largement suffisantes pour mes besoins et j'ai pu achever la décoration de mes salles de bains. »

Comme un bonheur n'arrive jamais seul, Roy Carver a largement rentabilisé son acquisition. L'exploitation de sa mine continue, elle est même florissante, la demande étant très forte. Au bout de dix jours, et après avoir préparé le repas du Nouvel An, les Senderens, saturés de ce faste, sont rentrés chez eux. Sans regrets...

Paul Bocuse n'a pas eu, lui, le temps d'être blasé. Il y a quelques mois un riche commerçant chinois de Hong-Kong lui demande de venir préparer un dîner pour huit personnes :

« Nous avons fait avec mon assistant un simple aller et retour. Le temps de préparer un repas de huit couverts, ce qui nous a pris à peine six heures, et nous sommes rentrés », dit-il.

Il reste à souhaiter à cet habitant de Hong-Kong que ses amis aient apprécié le geste. Paul Bocuse est d'ailleurs coutumier du fait. Ce « turbo-chef » a l'habitude de répandre la bonne parole de la gastronomie française aux quatre coins du monde. Pourtant, il s'étonne encore de certaines requêtes.

« Mon déplacement le plus spectaculaire fut de faire l'aller-retour Tokyo dans la nuit, afin d'y concocter un menu pour dix, chez un particulier. »

Il ne reste pas beaucoup plus longtemps dans le château de Princeton, aux États-Unis, pour y superviser un banquet de 250 personnes. A cause de lui, l'édifice a été agrandi. Un an plus tôt, le milliardaire américain Johnson Johnson l'avait contacté afin de lui confier la préparation du dîner d'inauguration de sa demeure, copie du château que la famille de sa femme possédait en Pologne. L'original n'existant plus, ayant été détruit par les Allemands lors de la Seconde Guerre mondiale, il a fait construire une réplique et fait venir Bocuse pour que celui-ci organise le repas. Déception : le chef lui explique que le bâtiment

ne comporte pas de pièce assez grande pour accueillir deux cent cinquante convives. Qu'à cela
ne tienne, Johnson Johnson ne se démonte pas :
« Repassez dans un an. Tout sera prêt. »

Comme convenu, Paul Bocuse revient un an
plus tard. Il peut se mettre au travail dans de
bonnes conditions : le châtelain américain a fait
rajouter une aile au château. La ressemblance
avec l'original est moins frappante mais cette
fois, il est assez vaste pour accueillir un banquet.

Il est, bien entendu, impossible de chiffrer les
repas dans de telles situations. Leur prix n'a
d'ailleurs aucune signification s'il ne prend pas
en compte le billet d'avion Paris-Tokyo ou la
construction d'un bâtiment. Malgré tout, certains
clients d'établissements prestigieux font parfois
de bonnes affaires.

Jean-Claude Vrinat, le directeur de Taillevent,
est bien placé pour le savoir. La carte des vins de
son restaurant a changé depuis cette aventure.
Un client japonais déjeune en compagnie de
quelques compatriotes. Au moment du fromage,
il demande la carte des vins et, à la stupéfaction
du maître d'hôtel et du sommelier, commande
une bouteille de Lafite Rothschild 1893. A cette
époque-là la politique du restaurant était de proposer de grands crus pour moins de 1 000 francs.
Période faste et révolue. Qui proposerait aujour-
d'hui une telle bouteille à 920 francs ? En tout

cas, c'est ce qu'elle coûte sur la carte au moment où ce touriste la demande. Jean-Claude Vrinat et le personnel tentent bien de lui faire entendre raison :

« Il **est** dommage d'ouvrir un tel millésime en fin de repas. D'autres crus, excellents, peuvent faire l'affaire... »

Le client n'en démord pas. Il veut son Lafite Rothschild 1893 :

« Faites monter cette bouteille. Vous la proposez sur la carte et je ne vois aucune raison pour qu'on me la refuse ! »

L'argument paraît assez pertinent, Jean-Claude Vrinat cède, et, quelques instants plus tard, le précieux flacon est sur la table de l'opiniâtre Japonais. Nouvelle surprise : il exige qu'il ne soit pas débouché. Il veut emporter ce qui représente, pour lui, un souvenir.

L'épilogue de l'histoire a lieu à Tokyo, quelques mois plus tard, lors d'une vente aux enchères de crus prestigieux. Le directeur de Taillevent suit ce type d'événement. Il apprend qu'une bouteille de Lafite Rothschild 1893 s'y est vendue pour l'équivalent de 37 000 francs. Le vendeur n'est autre que le client têtu qu'il avait affronté peu de temps auparavant. Inventif, il avait trouvé là un moyen de se rembourser largement son repas, mais aussi probablement son voyage en France.

Heureusement, ce cas reste isolé. Aristote Onassis avait beaucoup plus d'élégance. Il avait l'habitude de venir en compagnie de la Callas du temps de leurs amours tumultueuses, à l'occasion de l'anniversaire de la cantatrice. Ce dîner avait lieu dans la plus grande discrétion. Jean-Claude Vrinat et le personnel de Taillevent y veillaient : « La naissance de Maria Callas était célébrée officiellement chez Maxim's, en grande pompe. Mais ils venaient chez nous la veille, incognito. Onassis faisait livrer avant leur arrivée cent vingt roses rouges pour décorer la salle. Il choisissait toujours un Lafite Rothschild 1806.

La carte actuelle ne propose plus de tels crus. La bouteille la plus coûteuse aujourd'hui est un Lafite Rothschild de 1937. Elle coûte 5 200 francs. Les spécialistes jugent qu'elle est sous-évaluée. Il n'est donc pas dit qu'un jour prochain un touriste japonais, américain ou autre n'en achètera pas un exemplaire en exigeant de l'emporter chez lui, où il pourra la revendre dix fois ce prix.

Signe des temps, la France risque moins l'espionnage industriel que le pillage des caves de ses grands restaurants... Ces temples de la gastronomie, parce qu'ils sont célèbres dans le monde entier et parce que l'atmosphère qui y règne y est favorable, sont des lieux de fête et parfois de folie.

72

L'addition, s'il vous plaît !

Roger Viard, directeur chez Maxim's - il vient de prendre sa retraite - se souvient d'une soirée de 24 décembre, restée dans son esprit comme sortie des contes des *Mille et Une Nuits*. Ce jour-là, une table de douze couverts est réservée pour le dîner. A l'heure où les salles du restaurant de la rue Royale commencent à se remplir et à s'animer, un groupe de quatorze personnes, des Saoudiens, se présente à l'entrée : « Douze d'entre elles sont celles qui ont réservé cette table. Deux hommes portant des attaché-cases les précèdent. Au vestiaire, ils refusent de laisser leurs mallettes, malgré mes conseils. Je leur fais observer qu'on ne travaille pas une veille de Noël, mais ils ne veulent rien savoir. Ils insistent ensuite pour être à proximité des gens qu'ils accompagnent. Je les place non loin de là, dans un coin, pas trop en vue. En effet, les couples, jugés plus « décoratifs », sont mis en évidence chez Maxim's, surtout un soir de fête. Tout ce petit monde s'installe donc, le groupe et ses deux curieux compagnons, qui, taciturnes, gardent tout proches d'eux leurs petits bagages. »

Roger Viard n'est pas inquiet. Ces hommes sont des membres des services de sécurité, chargés de veiller sur les dignitaires saoudiens. Ils transportent avec eux un arsenal et des gadgets électroniques.

La vérité éclate tard dans la nuit, en fin de

repas. La salle du restaurant commence à s'éclaircir, le brouhaha des conversations se fait moins dense, de nombreux clients étant partis. L'un des douze convives saoudiens invite tous les autres et, d'un geste de la main, fait signe aux deux hommes qui restent silencieux. Ce sont ses secrétaires. Ils prennent leurs attaché-cases, s'approchent de la grande table et les ouvrent. Les mallettes ne recèlent ni armes ni walkie-talkie, mais onze paquets multicolores et enrubannés. L'hôte les distribue à ses invités. Ceux-ci les ouvrent, excités et impatients. Ils en sortent des montres incrustées de pierres précieuses, des rivières de diamants, des parures d'émeraudes, dont les scintillements laissent ébaubis le personnel et les clients restés jusqu'à cette heure tardive. Roger Viard lui-même n'en revient pas. En quarante ans de Maxim's il ne se souvient pas avoir jamais assisté à un tel Noël.

Moins impressionnant mais plus fantasque, Salvador Dali créait régulièrement la surprise chez Taillevent, dont il était un habitué jusqu'à ces dernières années. L'originalité de ses goûts le poussait à des exigences surréalistes. Jean-Claude Vrinat avait parfois un peu de mal à les satisfaire : « Il nous demande un jour de réaliser, pour lui, une recette antique : le paon cuit avec ses plumes dans de l'argile. La préparation est assez compliquée pour un résultat décevant, plu-

tôt fade. Quand il venait avec Gala, qui le sur-
veillait étroitement, Dali commandait de la Ba-
doit. Par contre, les jours où il pouvait
s'échapper seul, il arrivait avec de très jeunes filles, toujours ravissantes, de seize, dix-sept ans. A
ce moment-là, il n'était plus question d'eau minérale, il choisissait les meilleurs vins. »

Les frasques du grand artiste posaient parfois
de délicats problèmes d'intendance. « Il venait
parfois avec un léopard, l'animal avec lequel il
semait la terreur à l'hôtel Meurice. » Les jours où
il arrive avec son félin favori, on fait comprendre
au Maître, avec maints égards, qu'il est préféra-
ble que lui et sa ménagerie aillent déjeuner dans
un salon privé. Soucieux du confort de l'animal,
et désireux de lui faire goûter les plaisirs d'une
grande table, Salvador Dali lui fait préparer des
plats spéciaux. Conscient de la difficulté de satisfaire un tel client, il apporte chaque fois de la
viande d'antilope qu'il fait venir à grands frais du
cœur de l'Afrique. « Nous confectionnions une
sorte de steack tartare qui n'avait d'ailleurs aucun
succès auprès de l'intéressé. Il devait le gaver
avant de l'emmener quelque part afin que le léopard se tienne tranquille. » S'il ne débarquait pas
avec un léopard, Fernandel, habitué de Taillevent, avait lui aussi ses petites manies. Il réservait
toujours la même table et venait invariablement
vers midi. Arrivé tôt, il s'installait bien en vue

pour l'apéritif afin de voir et - surtout - d'être vu. Une fois que le restaurant était plein, il passait à table en prenant bien soin d'être le dos à la salle, « pour ne pas être reconnu ».

C'est devenu un lieu commun que de constater à quel point la cuisine française, au même titre que la haute couture ou les parfums, s'exporte bien. Ce qui est moins connu, c'est qu'elle attire quotidiennement une clientèle pour laquelle le temps et les déplacements ne posent plus de problèmes. Chacune des grandes maisons déjà citées compte parmi ses fidèles d'heureux privilégiés capables de faire plus de 10 000 km pour un repas.

Plus étonnant est Mr. Carr. New-yorkais, il vient régulièrement chez Taillevent pour un dîner en compagnie de quelques amis, qui doivent louer sa prodigalité. Son 707 privé fait la traversée pour ce simple repas dont le prix - moins de 3 000 francs pour quatre personnes - est négligeable en regard des tonnes de kérosène brûlées pour déguster quelques grillades.

Paul Bocuse connaît aussi ce type de gourmets intercontinentaux, américains pour la plupart : « Nous avons un couple d'habitués qui vient depuis quinze ans toujours au même moment : le 31 décembre. Lui est un célèbre éditeur de New York. Ils arrivent des États-Unis vers 19 h 30, dînent ici et repartent avant minuit, probablement pour ne pas avoir à se mêler aux autres. »

Ils ne rentrent pas immédiatement chez eux, mais passent quarante-huit heures à faire la tournée des grands ducs dans les meilleurs restaurants de l'hexagone.

Tex Feldman, lui aussi, était américain. Il est mort un 10 décembre, quelques jours avant le réveillon du Premier de l'An qu'il avait l'habitude d'organiser chez Maxim's depuis vingt ans. Il louait le premier étage du restaurant pour cette fête à laquelle il conviait une soixantaine d'amis. Chaque fois, la décoration et l'orchestre étaient différents. Nul ne saura jamais si c'est la perspective de ce nième réveillon qui l'a tué. En tout cas son souvenir est resté vivace rue Royale. Pas seulement en raison de son indéfectible fidélité, interrompue seulement par la mort, mais aussi à cause de ses chèques. Non que le personnel de Maxim's soit vénal, mais tout simplement Mr. Feldman les remplissait à l'encre dorée. Cette coquetterie, à la hauteur de ce que l'on attend d'un milliardaire américain, a frappé les imaginations. Au point que Roger Viard a oublié le prix payé pour ces réveillons !

Les sportifs sont moins sophistiqués. Vitas Gerulaitis, le champion de tennis, provoque l'admiration du personnel de Taillevent autant par ses exploits sur les courts que par son coup de four-

LES RICHES

chette. La légende veut que les sportifs de haut
vol mènent une vie d'ascète avant un match. Il
est sans doute l'exception qui confirme la règle.
Lorsqu'il joue à Paris, il va au restaurant prendre
des forces avant chaque épreuve. « Je n'ai jamais
vu quelqu'un manger comme lui », dit Jean-
Claude Vrinat qui n'en conclut pas pour autant
que les difficultés de Gerulaitis lors des tournois
de Roland-Garros sont dues à des problèmes de
digestion.

Si les Américains fortunés n'hésitent pas à tra-
verser l'Atlantique pour le plaisir d'un bon repas,
c'est qu'ils ne trouvent pas l'équivalent chez eux.
Ce cocorico est d'autant plus facile à pousser
quand on sait que l'un des restaurants les plus
célèbres de Los Angeles est une pizzeria. Nos
grands chefs ont encore de beaux jours devant
eux. Soyons fair-play : cette pizzeria n'est pas
tout à fait du modèle de certains établissements
du Quartier latin. Son nom : Spago. Elle appartient à Wolfgang Puck, un Autrichien de trente-
cinq ans que ses pérégrinations ont mené chez
Maxim's, où il était cuisinier, avant d'arriver en
Californie. Son établissement ne sert, d'ailleurs,
pas n'importe quelles pizzas. Elles sont qualifiées,
là-bas, de « nouvelles », en français dans le texte,
comme il existe une nouvelle cuisine. Les ingrédients en sont choisis avec goût : saumon frais,

78

crevettes, caviar et une spécialité de saucisse de canard maison (?). Comme partout aux États-Unis, il est sûrement possible de demander une pizza réunissant avec bonheur tous ces éléments, expérience qui ne doit pas manquer d'intérêt. Certains viennent la tenter en voisins : Sean Connery, Gregory Peck, Linda Evans, Joan Collins et autres sont des habitués. Le succès est tel qu'un maître d'hôtel indélicat rackettait les clients. Il leur demandait 1 000 francs, uniquement pour réserver une table. Son manège fut découvert grâce à Billy Wilder qui s'étonnait de cette pratique.

Pour être franc, la plupart du temps ce sont les clients qui ne se conduisent pas très bien, ou qui adoptent, pour le moins, des attitudes étonnantes. Paul Getty, le milliardaire qui ne souriait jamais, était certes connu pour son avarice, mais il arrivait à lui donner des lettres de noblesse. Quand il passait à Paris, il aimait déjeuner ou dîner à la Tour d'Argent. Son souci d'économie le poussait, lorsqu'il était seul, à ne prendre qu'un plat. Ce qui expliquait sans doute son allure décharnée et son teint blafard. Lorsqu'il était victime d'accès de générosité et qu'il avait des invités, il faisait prévenir Claude Terrail pour qu'en fin de repas, les cartes des desserts ne soient pas présentées, afin de limiter les frais. Le plus souvent il venait accompagné de son bras droit, le colonel Robertson. Un jour, au moment de partir, celui-ci lui glisse dans l'oreille :

« Vous pourriez laisser quelque chose au maître d'hôtel.

- Pourquoi ? Il ne m'a rien donné lui ! »

Alain Senderens, alors qu'il officiait encore à l'Archestrate, eut à affronter lui aussi de riches clients dont l'excentricité n'avait rien de sympathique, même si elle était à l'opposé des manies de Jean-Paul Getty.

Un jour, un groupe de princes arabes réservent une table chez lui. Une fois installés, ils ne veulent même pas regarder la carte et exigent d'avoir simplement des verres et de la glace. Ils sortent de leurs poches des flasques de whisky afin de bien montrer que s'ils sont ici, c'est uniquement pour boire. Alain Senderens essaye de leur faire comprendre qu'il n'est pas possible d'accepter ce type de comportement dans son restaurant. Pour toute réponse, ils jettent une liasse de 5 000 francs sur la table en disant :

« Nous payons, faites ce que nous demandons. »

Leur interlocuteur refusant d'obtempérer, il ne leur reste plus qu'à remballer leurs bouteilles et à chercher une autre oasis où ils pourront boire tranquillement.

Le métier de restaurateur est décidément plein

de variété et d'aventures. Lorsque celle-ci est survenue, Alain Senderens, pourtant échaudé par son périple en Floride chez Roy Carver, revenait du Venezuela où il était allé préparer un dîner pour cent personnes. Parti avec trois assistants, il avait été précédé d'un avion bourré de matériel de cuisine, que la famille qui le faisait venir ne possédait pas et dont il avait besoin pour préparer un tel banquet. L'industriel qui organisait la fête lui avait donné carte blanche :

« Choisissez à Paris tout ce qu'il vous faut : nourriture, casseroles en cuivre, condiments, accessoires, etc. »

Beaucoup moins agréable est l'aventure survenue à la direction et au personnel du restaurant Chez Edgard, même si elle est sûrement distrayante.

Le groupe pop « Yes » étant de passage à Paris, ses producteurs lui cherchent des occupations, et réservent une table dans l'établissement en question. Malheureusement, l'endroit ne correspond pas à l'attente des musiciens qui préfèrent les restaurants des Halles où ils ont l'habitude de se rendre.

Agacés, ils trouvent la salle sinistre et expédient le dîner en vingt minutes. Estimant sans doute qu'il serait dommage d'en rester là, ils commencent à se déchaîner au moment des desserts. Ceux-ci se transforment pour l'occasion en

81

projectiles de choix. En quelques instants, la salle
se transforme en Fort Alamo. Les tartes aux fraises, les seaux à champagne tombent dru, sous
l'œil médusé des serveurs et des autres clients.
Ce soir-là, l'addition a dû être un peu lourde.
Elle l'est souvent quand entrent en scène, dans
un restaurant ou ailleurs, des pop stars. Leurs caprices sont connus et redoutés des restaurateurs.
Même s'ils paient, il n'est pas toujours drôle
d'être obligé de changer moquettes et tapisseries.
Cela dit, il est difficile de refuser de servir des
tartes à la crème et des glaces à des clients de
crainte qu'ils ne s'en servent comme projectiles.

4.

Des clubs de vacances très fermés

Ile Saint John, dans les Petites Antilles. Soleil éclatant, mer d'azur, sable blanc et cocotiers... Mieux qu'un prospectus publicitaire ! La sérénité de l'endroit est propice au repos. Le seul bruit perceptible est le discret clapot des vagues sur le rivage. Quelques estivants qui paressent sur la plage pourraient figurer dans une séquence des *Révoltés du Bounty.*

Ces gens heureux ont une histoire. Ils sont tous P.-D.G. de grandes firmes américaines. Leur point commun : le stress et la fatigue accumulés par des mois de travail et de tension. Ils viennent dans l'île recharger leurs batteries. Car les propriétaires de l'endroit ont eu un trait de génie : construire dans ce paradis un hôtel pour managers surmenés. Ils connaissent bien leur clientèle. Leur nom est le symbole de la réussite et de l'argent. Il rime avec affaires : Rockefeller.

Moyennant 5 000 francs par jour en « pension complète », ces responsables de grosses sociétés viennent à Saint John trouver le luxe et le confort bien sûr, mais surtout le calme. De ce côté, ils sont servis : l'île n'est sillonnée que par de placides vélos. Et si de nombreux sports sont proposés - natation, tennis, aérobic, etc. -, il n'est pas question de vouloir déchirer les flots en ski nautique, le bruit des hors-bords n'étant pas compatible avec le soin vigilant apporté aux nerfs des pensionnaires. Les sept plages de l'île suffisent largement aux cent cinquante clients. Dans le service qu'offre l'hôtel, tout est prévu pour relaxer ces héros fatigués, et c'est sûrement le seul établissement de cette classe, dans le monde, à ne pas avoir de téléphone dans les chambres. Pis : un seul est disponible sur place. Mais les managers ont un mal fou à briser les liens qui les rattachent au diabolique combiné. Les présidents d'Exxon, de Ford et autres en sont réduits à faire démocratiquement la queue devant la seule cabine. Le repos, c'est aussi apprendre à avoir une vie bien réglée. Pour tous ces gens qui sont habitués à être partout servis, le petit déjeuner au lit, ou le dîner dans la chambre n'est plus un luxe. C'est pourquoi l'hôtel ne sert pas - sauf demande expresse la veille - de repas dans les chambres. Ils sont à prendre dans la salle de restaurant, à heure fixe.

Le succès de la formule est tel que la liste d'attente est très longue. Les habitués sont déçus. Ce qui était à l'origine une sorte de club très fermé dans lequel on ne pouvait entrer que parrainé est devenu un hôtel presque comme les autres. Aujourd'hui, presque tout le monde peut y aller, à condition bien sûr d'être capable de payer 5 000 francs par jour.

Mais la quiétude des plages de Saint John ne correspond pas forcément à ce que l'on attend des vacances.

Au moment où les dirigeants de certaines grandes firmes musardent sur le sable chaud en sirotant des cocktails, un homme bande son arc dans la savane tanzanienne. A quinze mètres de lui : la masse monumentale d'un éléphant. A soixante et onze ans, William Negley, un milliardaire américain de San Antonio (Texas), n'arrive pas à renoncer à son passe-temps favori : la chasse à l'arc. Il en est à son cinquième « dernier » safari. Pourtant, il est encore une fois à l'affût, assisté d'un guide français, François d'Elbée : « C'est le type de client qu'on accueille avec une certaine appréhension, reconnaît ce dernier. Être décidé à chasser l'éléphant, le lion ou le léopard avec des flèches n'est pas courant. William Negley a découvert son sport à quarante ans, après s'être lassé de méthodes plus traditionnelles : carabine et revolver 357 magnum, ce qui était déjà original. »

Après un entraînement intensif, il arrive en Afrique où il fait ses preuves. Aujourd'hui, il continue à s'entraîner quotidiennement, au moins en période de chasse. Lorsqu'il est à Paris, il s'exerce dans sa chambre du Ritz à bander son arc - sans poulies - de 100 livres. Dans les hautes herbes de la brousse africaine, il fait face à son cinquième pachyderme. Ce jour-là, la traque va durer plusieurs heures. Commencée l'après-midi, elle se prolongera jusqu'à la tombée de la nuit. Émotion garantie pour 400 000 francs, prix d'un safari de trois semaines effectué dans ces conditions. Original de la science cynégétique, le Texan l'est jusqu'au bout. Lorsqu'il ne grille pas au soleil africain, il embarque son carquois pour les glaces de l'Alaska. Là-bas, il doit affronter l'un des plus chers et des plus dangereux gibiers du monde : l'ours blanc. Plus de 100 000 francs par plantigrade abattu.

Des milliardaires en mal d'émotions fortes, le guide François d'Elbée en voit tous les jours. Hardesty - dont le patrimoine immobilier est estimé à 15 000 appartements dans tous les États-Unis - vient passer régulièrement trois semaines en Tanzanie, afin de chasser les « big five » (cinq grands) que sont le lion, le léopard, le buffle, l'éléphant et le rhinocéros. Son Boeing 727 privé lui permet de faire le voyage dans les meilleures conditions de confort, pour être d'attaque lorsqu'il pose le pied sur le sol africain et l'œil sur la lunette de visée. Les boucles des ceintures de sécurité sont plaquées or, l'aménagement y est considéré comme l'un des plus luxueux existant sur un avion privé. Comble de raffinement, le lit d'Hardesty est monté sur un système identique à celui d'un compas de bateau. Il reste parfaitement horizontal quelle que soit l'assiette de l'avion. Le passager peut dormir tranquillement et rêver à des trophées dignes de l'imagination d'Hemingway.

Sa conception de la chasse est nettement moins sportive que celle de William Negley ou d'Howard Hill, considéré comme le plus habile archer du siècle (il était capable de pulvériser d'une flèche un comprimé d'aspirine jeté en l'air). Probablement pressé lorsqu'il chasse, Hardesty veut du rendement. Son arme favorite est un véritable obusier : une carabine de 577 (12 mm) fabriquée spécialement pour lui. Etant donné la taille des projectiles et leur puissance, il est judicieux de sa part de chasser le gros gibier...

Cette autre idée d'un groupe d'Américains riches et stupides le fut moins. Ils firent venir en Centrafrique un troupeau de chameaux sur le dos desquels ils comptaient chasser. La plupart moururent en cours de « safari », n'ayant pas résisté au changement de climat et d'environnement. L'histoire ne dit pas si le chasse fut fructueuse, mais l'addition dut être salée.

Le goût pour la chasse, largement répandu chez nos compatriotes, est partagé par nombre de magnats, en France et ailleurs. La seule différence est, une fois encore, dans les proportions. Il n'est pas question de se limiter aux sous-bois ou bocages français, à l'affût d'un misérable lièvre qui sera littéralement fusillé par plusieurs chasseurs. Bien sûr, il existe ici, en Sologne entre autres, de grandes chasses réputées, celles de Boussac et de Jean de Beaumont par exemple. Un week-end peut s'y solder par un tableau final de 2 000 pièces, sachant qu'il faut compter 70 francs par faisan d'élevage.

Mais les terres de chasse de ces nemrods sont vastes. Les grands domaines d'Espagne sont réputés pour leur petit gibier. Le prix de la journée perdreaux : de 4 000 à 5 000 francs. Les prix sont un peu moins « capitalistes » en Pologne où un séjour de trois jours coûte de 13 à 14 000 francs. Le cadre y est plus rudimentaire, plus écologique, même si la proximité de la frontière soviétique dissuade de vouloir flâner sans guide sous les épaisses frondaisons de la forêt polonaise.

La chasse en Espagne, lorsqu'elle est pratiquée

dans certaines propriétés, peut s'avérer très confortable. Claude Terrail, grand amateur, a fait des essais comparatifs. Il est régulièrement invité à faire le coup de feu.

« J'ai la chance d'avoir des amis très riches, qui ont l'amabilité de me convier chez eux, Carlos March, par exemple, une grosse fortune d'Espagne. Son château est gigantesque. La propriété fait 10 000 hectares. Il entretient en permanence une garde de sept cavaliers et dispose de 50 rabatteurs. »

Le paysage n'est pas moins démesuré. Carlos March a accroché au-dessus de son bureau une carte du domaine. Régulièrement il la colore dans des teintes qui correspondent à son humeur du moment. Il exige ensuite que la propriété elle-même prenne ses couleurs grâce à des plantations d'arbres et de fleurs correspondant à ses désirs.

Le Belge Robert L'Allemant sait lui aussi recevoir ses invités. Pour se consacrer pleinement à eux, il prie ses amis de ne venir qu'à trois ou quatre aux chasses qu'il organise sur ses terres près de Gand : son château possède 800 pièces.

Soucieux du confort des hôtes, le milliardaire allemand Carl Flick ne l'est pas moins. Il leur envoie en plus un avion de leur choix qui les emmène sur place où, dans les grandes forêts d'Europe centrale, ils peuvent traquer le gros : chevreuil, cerf et sanglier.

Ce type d'invitation prend une saveur particulière lorsque l'on sait ce que valent ces séjours car tous n'ont pas la chance d'avoir, comme Claude Terrail, des amis fortunés et généreux : de 5 à 6 000 francs par jour, pour un week-end, à quoi il faut ajouter le prix de chaque animal abattu : de 15 à 30 000 francs pour un beau trophée de cerf.

Les Britanniques n'ont rien à envier aux autres nations pour ce qui est du faste et du confort. Le 12 août, le « Glorious Twelfth », est la date d'ouverture de la chasse à la grouse rouge. Ce jour-là, le volatile, originaire de l'Écosse et du nord de l'Angleterre, a la surprise de voir la campagne parcourue de bipèdes vêtus de vestes en tweed vert, de pantalons courts, le chef couvert de chapeaux à la Sherlock Holmes : les chasseurs. Son sort est d'autant moins enviable que ces hommes sont stimulés par un concours organisé par et entre les grands restaurateurs britanniques. Le gagnant est bien sûr celui qui propose le premier de la grouse à son menu.

La bête noire des oiseaux se nomme Gerald Grosvenor, duc de Westminster, sixième du nom. Il est l'un des plus riches héritiers du Royaume.

En 1982, il remporte le concours en alliant effi-
cacité, tradition et modernisme. Après avoir
abattu deux douzaines d'oiseaux, il les fait em-
barquer dans son hélicoptère et livrer sur-le-
champ à l'hôtel lui appartenant, le Grosvenor
Hotel, à Chester. Les autres concurrents avouent
avoir du mal à faire face à une telle organisation.
Le duc a mis toutes les chances de son côté en
achetant en 1980 un terrain de chasse et une
maison de campagne pour plus de 11 millions de
francs. Huit personnes s'occupent du domaine à
plein temps. L'une de leurs tâches est de veiller
au bien-être des grouses afin de les préparer à
affronter l'événement dont elles se passeraient
probablement très bien : le « Glorious Twelfth ».

Pourtant, ce ne sont pas les propriétés du duc
de Westminster qui éblouirent le duc d'Edim-
bourg. Ce fut sa chasse - et le faste qui l'accom-
pagnait - dans le domaine de St-Emeram, à Regenburg, en Bavière, chez le prince Johannes
von Thurn und Taxis. Celui-ci est l'héritier
d'une des plus anciennes et des plus riches familles d'Allemagne. Le prince Philip, qui en a pourtant vu d'autres - avoua être stupéfait du train
de vie de Regenburg, château aux 500 pièces,
dont une salle du trône.

Ce luxe impressionna le mari d'Elizabeth
d'Angleterre au point de lui faire rater les cinq
sangliers situés dans sa ligne de mire au cours de

91

cette chasse. Mais en partant, il confia à ses hôtes que sans l'aide de l'État, les Windsor ne pourraient rivaliser avec les Thurn und Taxis. En
Europe, si la démesure existe, c'est dans tout ce
qui entoure le cérémonial de la chasse. Celle-ci,
même si elle est pratiquée avec des fusils anglais
(d'occasion le plus souvent, car les modèles anciens sont recherchés et la production est limi-
tée) Purdey, Holland-Holland ou Boss à
80 000 francs, reste traditionnelle et classique.

Il y a quelques années, les safaris africains
étaient égayés par un chasseur original : le maharaja de Misor. Son terrain de prédilection était
le Tchad et ses boissons favorites le whisky et le
gin. Pendant les deux ou trois semaines que du-
rait son séjour dans la brousse, il n'envisageait de
pister les éléphants qu'en smoking, le cou serré
par un nœud papillon. Sa seule concession au
confort était une paire de pantoufles qu'il ne
quittait pas. Suprême coquetterie, il ne se sépa-
rait jamais - et surtout pas au cœur de l'Afrique
- d'un énorme collier de rubis et diamants. Le
soir, au moment de se coucher, l'un de ses deux
secrétaires retirait avec mille soins la parure et la
rangeait dans un petit coffre. Ces deux assistants
s'occupaient de tout ce qui touchait au maharaja.
Celui-ci exigeait qu'ils goûtent tous les plats
avant que lui n'y touche. Peur du poison ou du
manque de sel ? Personne ne l'a jamais su.

Lui-même réussissait assez bien à s'empoisonner au whisky le matin, et au gin le soir. Au point que son tableau de chasse devenait aléatoire. Il ne lui fallait pas moins de trente ou quarante cartouches pour arriver enfin à faire mouche sur un éléphant ou un buffle probablement vieux et impotent.

Curieusement, on ne trouve pas trace de la démesure, du faste, ou même de la présence des princes du pétrole sur les terrains de chasse, au moins tels que nous les concevons. Pourquoi ? Tout simplement parce que cela les intéresse assez peu. Pour les grandes familles arabes, le seul chasseur est le faucon. Il est le prolongement, l'arme de son maître qui l'élève et le dresse. Les grands connaisseurs sont les Saoudiens. Ils achètent leur matériel en France, chez un fabricant d'origine italienne : Pirotta.

« Les Saoudiens chassent l'outarde oubara, un oiseau de la taille du faisan, dit-il. Ils partent plusieurs mois, en caravane, dans le désert. Un groupe de familles se déplace ainsi, soit quelques centaines de personnes qui dressent un campement. Ils sont équipés du matériel le plus moderne avec l'air conditionné pour les tentes et les voitures, des tout-terrains Mercedes ou Range-Rover. Les hommes passent la journée à chasser avec leurs faucons, jusqu'à cent en même temps. Perchés pendant l'affût sur le poing de leur maître, ils s'élancent sur leur proie lorsque celle-cı est au sol. Les voitures sont équipées d'un toit ouvrant qui permet aux chasseurs de ne pas sortir, le faucon étant lancé par cette ouverture. »

Le matériel nécessaire n'est pas très cher : de 600 à 1 000 francs le chaperon, ce bonnet de cuir fixé sur la tête du rapace. Ce qui l'est plus, c'est le faucon : de 10 à 15 000 francs suivant l'espèce, le plus rare étant le gerfaut blanc d'Islande, considéré comme le plus noble et le plus courageux de tous.

Le prince Abdullah bin Nasir est l'un des multiples membres de la famille royale saoudienne. Grand amateur de football, il est à l'origine de la création de l'équipe nationale de son pays. Mais son passe-temps favori, ce sont les faucons. Il aime prendre le thé sous sa tente de bédouin, dans le jardin de son palais de Riyad, entouré de ses amis et de certains de ses oiseaux favoris :

« Savez-vous que le cheik Rashid de Dubayy et ses fils ont dépensé cette année un million de dollars en faucons ? »

Pendant qu'il se fait doucement labourer les mains par les serres du rapace - mais il n'y prête pas attention - le prince évoque Najla. C'est l'un de ses favoris mais il est en vacances au bord de la mer. L'oiseau supportait mal la vie stressante de Riyad et son maître a préféré l'envoyer là-bas

afin qu'il se repose et retrouve la brillance origi-
nelle de son plumage.

En France, le grand frisson parcourt rarement
l'échine de nos chasseurs, et lorsque cela arrive,
c'est plutôt en raison de la maladresse de l'un
d'eux. Nos campagnes sont moins dangereuses
qu'en Afrique.

Il arrive que là-bas, un lion réagisse mal au
fait d'être mis en joue par des hommes blancs
venus d'au-delà des mers. Olivier Dassault, petit-
fils préféré de l'avionneur et député de l'Oise, a
fait cette découverte de façon inconfortable, en
avril 1983.

Parti pour son premier safari en Centrafrique
en compagnie de François Bich, le fils du baron,
son séjour s'était jusque-là soldé par un tableau
de chasse avantageux pour un novice : un buffle,
un phacochère et un coq de Buffon. Les ennuis
commencent un matin à quatre heures, alors que
les deux nemrods partent sur la piste du roi des
animaux. L'ayant localisé, Olivier Dassault tire
un premier coup de feu qui, loin d'abattre le félin, l'effraie. Après plusieurs heures de recherches, ils retrouvent leur victime qui échappe à
trois salves maladroites. Son chargeur vidé, Olivier Dassault doit affronter, à mains nues, le
fauve qui se jette sur lui. Epuisé et blessé, le lion
renonce au bout de quelques instants et va mou-

rir quinze mètres plus loin. Le petit-fils de Marcel s'en remettra après une évacuation à bord d'un Mystère 10 de son grand-père, et quelques opérations, tout de même.

Heureusement, même lorsque l'on est riche, il existe des manières moins éprouvantes et moins risquées de passer ses vacances. Sans aller jusqu'à s'isoler sur une île perdue des Antilles, équipée d'un seul téléphone, on peut utiliser son argent à voyager et en faire profiter ses amis.

C'est l'option que choisit un lord anglais, pair du Royaume, en mai 1983. Désireux de célébrer à sa façon - originale, pour respecter la tradition - son cinquantième anniversaire, il opte, après plusieurs projets, pour un voyage en Orient-Express avec une centaine d'amis. Pendant un an, il met au point un périple de quatre jours : Londres-Venise, par le train bien sûr, un séjour de deux jours dans la ville de Marco Polo et retour en avion.

Le jour du départ, sur le quai de la gare Victoria, à Londres, les invités montent à bord de wagons d'époque. Une fois dans leur cabine, ils se changent et s'habillent à la façon 1920 suivant le vœu de leur hôte. Pendant les deux jours du voyage, le train vivra au rythme des fêtes et des dîners. Arrivé à destination, tout ce petit monde se rend à l'hôtel Cipriani, l'un des palaces de Venise, pour y passer quarante-huit heures. Le retour, par avion, doit s'effectuer dans le brouillard pâteux des lendemains de fêtes, plus de six cents bouteilles de champagne ayant été sabrées. Ce lord avait décidément vu les choses en grand, addition en rapport : plus de 2 millions de francs.

Les charmes de ce voyage continuent à fasciner les gens qui peuvent se l'offrir. D'autant que le vieux train révèle des vertus thérapeutiques, jusque-là ignorées. Il y a un an, un couple d'Américains, qui se pensaient stériles, prend l'Orient-Express. Neuf mois plus tard, ils écrivent, enthousiastes, à la Compagnie : à l'issue du voyage la femme était enceinte et elle a accouché de jumeaux. Si la fécondité de ces passagers est fonction du nombre de voyages effectués sur l'Orient-Express, ce client américain, qui le prend tous les ans, doit être un champion. Il vient en Europe par le Concorde, prend le train jusqu'à Venise et transite sur le *Queen Elizabeth II* pour rentrer chez lui.

Le plus simple est alors de louer l'Orient-Express à quai. C'est ce que fit, naguère, un dirigeant de société français, qui organisa gare de l'Est une soirée pour quelques dizaines d'amis, à l'occasion de son anniversaire de mariage.

Les croisières à bord des grands paquebots sont moins statiques. Si elles n'ont plus le succès d'autrefois - il y a quelques années un milliardaire américain vivait une partie de l'année à bord du *France* - elles exercent toujours un attrait certain. Mais le meilleur, comme toujours, reste à venir. Il est en cours de construction aux Ateliers et Chantiers du Havre. Son nom : *Windstar*. Commandé par une compagnie américaine, il fera 134 mètres de long. Sa particularité : c'est un bateau à voiles, équipé de quatre mâts de 57 mètres de haut. Il sera le premier d'une lignée de paquebots conçus pour rappeler aux milliardaires les joies passées de la marine à voile.

Ce mastodonte ne croisera probablement pas au large de Marbella. C'est dommage ! Ses riches passagers auraient eu le plaisir de séjourner dans l'un des hôtels les plus luxueux du monde : le Marbella Dinamar Club 24. La plus belle suite y coûte 30 000 francs la nuit. Prix raisonnable si l'on considère que celle-ci s'étend sur 2 000 mètres carrés et plusieurs niveaux. Les cinq chambres - à deux lits chacune - peuvent accueillir cinq couples qui y vivront au large, une éventualité qu'évoque la propriétaire et créatrice des lieux, Dina Cosson :

« Cinq couples, soit dix personnes, qui décident de vivre quelques jours ici ensemble, cela ne fait que 2 500 à 3 000 francs par nuit et par personne. Nous n'acceptons pas les familles avec enfants. »

98

Des clubs de vacances très fermés

Chaque chambre est meublée de façon différente. Les styles chinois, andalous et Louis XIII français y cohabitent. Tout est automatique : portes coulissantes, volets, rideaux, et même l'ouverture à distance de la porte d'entrée, surveillée de chaque pièce par un système vidéo. La suite est l'antithèse de l'hôtellerie façon Rockefeller. Ici, vingt-quatre téléphones sont à la disposition de ce qu'il est convenu d'appeler les plaisanciers. Une fontaine égaie le patio. Mais les activités sportives ne sont pas oubliées puisque la terrasse est équipée d'une piscine aux vagues artificielles et d'un practice de golf.

Un certain nombre de stations de sports d'hiver sont aussi plébiscitées par les grandes fortunes, Gstaad par exemple, où elles se retrouvent, quelquefois même après le ski - à l'Eagle Club, un établissement privé dirigé par le comte Réginald de Warren, un ancien diplomate français.

Le club compte six cents membres, de l'Aga Khan au prince Rainier de Monaco. Leur présence ici n'est pas gratuite, c'est le moins que l'on puisse dire, puisque les droits d'inscription atteignent presque 10 000 francs par an et qu'un droit d'entrée à vie se paie plus de 50 000 francs. Mais après tout, le droit d'être assis à côté de Jackie Kennedy ou de Juan Carlos d'Espagne n'a pas de prix.

LES RICHES

La fortune ne met pas à l'abri des petits aléas
de la vie quotidienne. Les habitués de Marbella
s'en sont aperçus à quelques heures du réveillon
en fin d'année, il y a quatre ans. Le casse d'une
banque locale, la Banque d'Andalousie, a rap-
porté à ses auteurs 110 millions de francs et a
allégé le patrimoine de quelques riches vacan-
ciers. Les jours suivants, une certaine mélancolie
régnait sur la station balnéaire. La liste des victi-
mes est éloquente : famille royale d'Arabie Saoudite, prince Alfonso de Hohenlohe, Jaime de
Mora y Aragon - le frère de la reine de Belgique
- qui perdit 5 millions de francs, Bjorn Borg,
James Stewart, Deborah Kerr, Ira de Fursten-
berg, et Sean Connery...

De mauvaises vacances donc, pour des gens
qui sont habitués à être bien protégés. Mais, il
arrive aussi que la fortune soit l'occasion de s'offrir de bonnes vacances bien désagréables et bien
ratées. Dans cette optique, la nouvelle génération
de producteurs hollywoodiens, de jeunes loups
aux dents très longues, ont mis au point un nouveau jeu. Ils passent leurs loisirs à jouer à la petite guerre entre eux, dans des conditions maté-
rielles difficiles. Leur équipement - leurs jouets
- est ultra-sophistiqué : les balles inoffensives
sont de petites poches d'encre rouge qui matéria-
lisent la blessure infligée à l'adversaire. Il paraît

100

que ce passe-temps coûteux et épuisant stimule l'agressivité des jeunes managers.

Mais la palme de l'originalité et du mauvais goût revient à la firme new-yorkaise « Poorlife ». Elle propose aux milliardaires en mal d'exotisme de faire l'expérience de la pauvreté. Pour 1 000 dollars, ceux-ci peuvent s'offrir une semaine de pauvres. Car, comme l'observe si finement le prospectus publicitaire : « Huit jours de misère donnent tout son prix au luxe quotidien. » La société organise donc, pour ses clients, un séjour dans un hôtel miteux de Harlem ou du Bronx avec passage d'huissier et garde-robe seconde main !

Les responsables de la société insistent bien entendu sur la discrétion de leur maison. C'est dommage. Les masses laborieuses seraient sûrement édifiées si elles savaient que tel ou tel milliardaire, poussé par une curiosité malsaine, s'offre une telle expérience vécue.

5.

Champagne pour tout le monde !

Baptême d'un nouveau yacht, première dent du prince héritier, achat de yearling à Deauville, voire accessoirement mariage, ou anniversaire, toutes les occasions sont des prétextes valables pour organiser une réception. Cependant, l'hôte n'oublie jamais qu'il évolue dans un milieu où le pouvoir que procure l'argent rend la surenchère illimitée. Les sempiternels cocktails avec petits fours, les interminables dîners par tables de huit, ou chacun reste engoncé dans son smoking, n'amusent plus les milliardaires.

Originalité, exotisme, surprise : telles sont les exigences du maître de maison pour combler l'attente de ses invités. Caviar, foie gras, saumon fumé, champagne à profusion, et que la fête commence... Certes, mais cela ne saurait suffire. Un bal costumé, une revue de cabaret, un bain de minuit dans la piscine, également au programme, facilitent la digestion et procurent plus de sensations. Mais si un hélicoptère survole le jardin et lance des tonnes de confettis pendant que l'orchestre joue la « Chevauchée des Walkyries », ou si vers quatre heures du matin un jet privé emmène les insomniaques faire une partie de black jack à Monaco, l'assistance est ravie.

Eddie Barclay est sans doute l'une des dernières célébrités qui puissent se reconnaître dans ce genre d'évocation. Aujourd'hui en France, la fête c'est lui. Lorsque « le roi du microsillon » - comme on le surnomme - célèbre son anniversaire, il aime voir s'empiler les cadeaux sur le billard du salon. En contrepartie du présent déposé, chaque invité reçoit un stylo, plusieurs cassettes vidéo, ou bien le dernier gadget à la mode. Eddie Barclay passe une partie de l'été à Saint-Tropez. Depuis des années le programme reste inchangé : invention de nouvelles recettes, parties de pétanque, dîners réguliers d'une vingtaine de personnes au Café des Arts, place des Lices...

Un soir, une scène aussi burlesque qu'un film de Laurel et Hardy s'y déroule. Au moment du dessert, le célèbre producteur de disques se lève, empoigne sa petite cuillère comme un lance-pierre, et la boule de glace à l'abricot qu'elle contenait finit sa course sur la veste de Daniel Hechter. Habitué aux facéties de son ami, le couturier a établi, depuis le début du repas, un plan de bataille imparable. Michel Legrand, Eddy Mitchell, et quelques complices ont chacun, caché sous leur chaise, un paquet de farine. La riposte est donc immédiate. Dégoupillées en un instant, les grenades pâtissières atterrissent sur Eddie Barclay qui ressemble tout d'un coup, à s'y méprendre, au contenu d'un baril de lessive. Attrapant tous les cadeaux Bonux qui se trouvent à sa portée - crème chantilly, vin rouge, reste de sorbet - il entreprend une seconde attaque. Les autres clients de l'établissement, bénéficiant bien malgré eux des retombées inoffensives de cette manne, décident à l'unanimité d'entrer joyeusement dans le conflit...

A la fin des hostilités, pendant quatre heures, six employés du restaurant ne sont pas de trop pour redonner à la salle une allure décente. Depuis cet événement, les teinturiers tropéziens se frottent les mains lorsque le bruit court que la joyeuse équipe descend en ville.

Chaque année, pour le 15 août, dans sa propriété du Cap, Barclay donne une « nuit blanche ». Il convient d'en être. Les plus grandes personnalités du show-biz international se pressent à ce rendez-vous marqué de rouge sur leur agenda. Quelque deux cent cinquante invités, invariablement vêtus de blanc, se retrouvent autour de la piscine. Rhoda Scott, Michel Berger, Elton John assurent la partie musicale suivant leur inspiration. Paul Bocuse et Roger Vergé règnent sur toute la restauration. On boit, on mange, et on rit beaucoup jusqu'à l'heure du petit déjeuner, où le café crème et la tartine beurrée achèvent un dîner commencé douze heures plus tôt...

En France, la célébration du 14 juillet va de pair avec les lampions, le bal musette, l'accordéon et le cornet de frites. Sans aller jusqu'au mimétisme, de riches Américains de Saint-Jean Cap-Ferrat, les Wiatt, profitent de l'occasion pour replonger, le temps d'une fête, au cœur des traditions populaires de leur pays. Dans le jardin de la villa, on danse au son du banjo et de l'harmonica. Chaque invité troque le smoking ou le bonnet phrygien contre le jean usé, la chemise bariolée, le foulard à carreaux et le chapeau de cow-boy des authentiques fermiers texans. Au menu, haricots rouges, maïs, riz, poulets et pièces de bœuf. Mais ces denrées ne proviennent pas du marché voisin. Quelques jours auparavant, Mr. Wiatt affrète son avion privé, un Gulf-Stream, et fait venir des environs de Dallas tous les ingrédients nécessaires à la reconstitution fidèle d'une soirée folklorique, autour du feu de camp, dans l'Ouest américain.

Mais les soirées les plus féeriques ne sont pas forcément celles où se côtoient des centaines d'invités. A l'hôtel George V on n'en est pas encore revenu : un salon de huit cents mètres carrés pour une réception de quatre personnes...

Il n'y a pas très longtemps, un riche industriel américain, passionné de peinture, décide de fêter son départ à la retraite en visitant les plus beaux musées d'Europe. Son périple s'achève à Paris, et pour la circonstance, le dîner précédant le retour au pays se doit d'être aussi grandiose qu'inoubliable. L'excentrique amateur d'art a réservé une surprise à sa femme et au couple d'amis qui les accompagne. Tout est déjà prévu de longue date grâce à la complicité d'un ami décorateur, spécialiste ès scénographie. A sa demande, la grande salle de l'établissement est vidée, puis transformée en une véritable forêt tropicale. Palmiers, massifs de fleurs, plantes exotiques sont disposés un peu partout. Il y a même, dans un coin, une rivière et un petit pont. Au centre, perdue dans cette jungle, la table, éclairée par deux candélabres, où prennent place les quatre convives. Dissimulé dans un coin, debout derrière sa console, l'ordonnateur du show actionne la machinerie qui démarre lorsque les serveurs apportent les

premiers plats. Après des jeux de lumière privilé-
giant tour à tour les différentes parties du décor,
de larges panneaux coulissants apparaissent ou
disparaissent là où on s'y attend le moins. A
droite, à portée de main, au fond à gauche... Sur
l'intégralité de leur surface sont projetés, au
rythme d'une musique de Vivaldi, d'immenses
diapositives représentant des tableaux de la Renaissance italienne, ou des maîtres flamands.

Cette exposition hors-série, le temps d'un repas, restera pour cet amateur le plus inoubliable
de tous les vernissages.

Lenôtre, Potel et Chabot se partagent la quasi-
exclusivité du marché des réceptions les plus
prestigieuses. Les salons du Pré Catelan pour le
premier, ceux des Pavillons d'Armenonville, Gabriel et Kléber pour le second : aménagement du
salon, préparation des buffets, personnel, décoration florale, attractions, rien n'est impossible, il
suffit d'y mettre le prix.

En 1982, un riche Brésilien appartenant à la
haute bourgeoisie de son pays, souhaite fêter ses
soixante ans au Pré Catelan. Tandis qu'ils visi-
tent les lieux, il annonce à Mme Lenôtre :

« Je veux faire une soirée rouge. »

Le pourpre n'est pas vraiment la couleur dominante du cadre. Même la piste de danse, en marbre blanc avec des arabesques, ne lui convient pas. Qu'à cela ne tienne, quarante-huit heures suffisent pour donner vie au caprice de cet original.

« Nous avons changé toutes les tentures des baies vitrées et celles qui séparent les différents salons, fabriqué une piste laquée rouge, apporté des cerisiers, trouvé des vestes et des tailleurs bordeaux pour notre personnel », raconte Mme Lenôtre.

A l'exception de Paloma Picasso, vêtue d'une robe à impressions représentant un tableau de son père, Grace de Monaco, la Bégum, et l'ensemble des invitées, portent des tenues groseille, tomate, brique ou rubis. Le dîner, au demeurant fort classique, s'achève tard dans la nuit. Vers six heures du matin, la salle est totalement déserte. Mme Lenôtre s'approche du client :

« Que désirez-vous faire désormais ?

- Je veux assister à la démolition du décor. »

Assis seul à une table, une coupe de champagne à la main, le Brésilien regarde le paysage retrouver ses teintes initiales. Puis, d'un pas las, le smoking impeccable, ses rares cheveux parfaitement lissés, il quitte la pièce après avoir laissé un million de francs lourds à la caisse.

109

« Il y a quelques mois, se souvient encore Mme Lenôtre, nous avons organisé le mariage d'un prince et d'une princesse du golfe Persique. Plusieurs pièces étaient réservées afin que la jeune femme puisse se changer. Tandis que la mariée se prépare, sa suite réalise que dans l'euphorie et l'excitation du départ, personne n'a pensé à lui prendre un peignoir. Heureusement que le mien n'était pas loin ! Après s'être fait coiffer et maquiller, la princesse enfile une superbe robe blanche, très vaste, juponnée, un peu comme celles que portaient les marquises au XVIIIᵉ siècle, se terminant par une longue traîne incrustée de diamants. Son volume est tel que le simple fait de franchir une porte pose un sérieux problème. »

Avec son mari, véritable prince des *Mille et Une Nuits* dans son costume traditionnel, ils pénètrent dans la salle, marchent sur un tapis blanc de quarante mètres de long, précédés par deux immenses serviteurs noirs qui vaporisent sur l'assistance un parfum oriental identique à celui de la mariée, passent lentement devant leurs deux cents invités, et vont s'asseoir sur le trône de la dynastie. Quarante musiciens égyptiens venus par avion spécial animent la soirée. La première partie du dîner est constituée de dragées, chocolats, gâteaux et thé. Vers minuit, après la pièce montée lumineuse, ils passent réellement à table où un souper - poisson et viande - les attend.

Certaines lois islamiques, en sus des consignes de sécurité draconiennes, ne facilitent pas toujours le travail de Mme Lenôtre :

« Pour le mariage d'un des neveux du roi d'Arabie Saoudite, il n'y avait que des hommes. La coutume veut que les femmes se retrouvent dans un endroit différent. Ils sont tous arrivés au Pré Catelan dans une impressionnante procession de Rolls, Bentley, et Mercedes « allongées ». Comme le roi était également présent, un imposant service d'ordre était aux aguets. Passé une certaine heure, il me fut même interdit de rentrer dans la salle pour vérifier si tout se passait comme prévu. »

La mariée est tout de même venue rejoindre son conjoint en fin de soirée.

Jean Boucheny, directeur de la création chez Potel et Chabot, est un véritable metteur en scène. Les réceptions dont il s'occupe rivalisent aisément avec les grandes revues de Broadway. Marathonien de la fête, ce petit homme rond, aussi imaginatif que bavard, agence presque autant de soirées qu'il y a de jours dans l'année :

« Au Pavillon Gabriel, dit-il, nous venons d'organiser un mariage franco-américain. Pendant le cocktail de bienvenue, des bandes d'actualités sonores retraçant les événements politiques et culturels de ces deux nations furent projetées sur les murs au-dessus des buffets. Pour animer le dîner, un orchestre, habillé en G.I. de la Libération, interprétait les grands succès de Glenn Miller, puis il a cédé la place à une formation noire comme on en rencontre à la Nouvelle-Orléans. Après la pièce montée, les époux ont entraîné leurs invités dans la salle voisine où nous avions entièrement reconstitué une discothèque sur différents niveaux, un bar, une cabine avec un disque-jockey, et un show de lasers.

Un matin, un membre de la famille Rothschild arrive catastrophé dans le bureau de Jean Boucheny. Il doit préparer un grand dîner au profit d'une œuvre de bienfaisance israélite au château de Versailles. Mais il vient d'apprendre que le même jour il doit s'y tenir un sommet international.

« Ne vous inquiétez pas, nous allons recréer les fastes de Versailles au pavillon d'Armenonville », lui répond-il aussitôt.

Au plafond, on installe une immense fresque reproduisant un jardin à la française inversé. Sur les murs : des trompe-l'œil représentant la galerie des Glaces et différentes pièces du château.

112

On recouvre les tables d'un tissu soyeux blanc et or. L'orchestre et l'ensemble du personnel portent perruque et livrée. Vers la fin du dîner, les premières mesures de la musique de *Barry Lyndon* emplissent la salle à la seconde précise où elle se retrouve plongée dans l'obscurité. Au centre de la vaste pièce, une trappe - qui sert habituellement à descendre au sous-sol pour y entreposer de la marchandise - s'ouvre. L'assistance voit alors monter une table, éclairée par deux chandeliers, autour de laquelle sont assis deux hommes et deux femmes grimés, costumés et figés dans des attitudes similaires à la scène galante du célèbre film de Stanley Kubrick.

Arrivés à la même hauteur que toutes les autres tables, les quatre personnages commencent à s'animer. Ils mangent, boivent, dialoguent pendant plusieurs minutes. Puis s'immobilisent à nouveau, et la trappe redescend, tandis que le concerto s'achève. Le salon se rallume, et des quatre coins apparaissent soixante serveurs portant tous, à hauteur d'épaule, de larges plateaux de glaces.

« C'est la première fois que, lors d'une réception, je ressens un grand frisson », dira un peu plus tard Mr. de Rotschild.

Hélas, la majorité des soirées de charité ne bénéficient pas d'un tel décorum et ne procurent

113

pas de semblables émotions. Le classicisme habituellement en usage pour ces réunions les rend rébarbatives et anachroniques. Mais il faut bien se donner bonne conscience !

Lord Forte est le sponsor du Prix de l'Arc de Triomphe. Le soir, l'ensemble du Gotha français et britannique se retrouve au George V pour un dîner au profit de l'Association des jockeys. Les invitations sont préparées à Paris par la princesse de Polignac, et par Lord Churchill à Londres. Toilettes, somptueuses parures de bijoux scintillantes, protocole immuable. Après le dîner aux chandelles, les philanthropes s'encanaillent en dansant une valse de Vienne.

Au premier étage d'un immeuble moderne de l'avenue Victor Hugo, Kim - alias Patricia Benoit - dirige une entreprise de réceptions « clés en mains » :

« Je cherche à apporter quelque chose d'original dans ces soirées trop souvent étriquées où les gens, une coupe de champagne dans une main, un canapé dans l'autre, font semblant de s'amuser. J'ai commencé par organiser des cocktails pour des entreprises qui cherchaient à promouvoir leurs nouveaux produits de manière insolite. Aujourd'hui, les particuliers viennent me demander de trouver des thèmes excentriques pour leurs soirées à domicile », dit-elle.

114

Champagne pour tout le monde !

L'été dernier, afin de fêter dans la plus stricte intimité l'acquisition de son nouveau jet privé, un Libanais lui a donné carte blanche. Dans le jardin qu'il possède dans les environs de Paris, elle a fait installer une grande tente touareg bleue et blanche. Deux cent cinquante invités ont assisté à une soirée berbère avec méchoui, couscous, thé à la menthe, danse du ventre, charmeur de serpents et feu d'artifice.

Sans changer de lieu, l'assemblée s'est ensuite retrouvée à l'autre bout du monde, à Macao. Dans le salon, l'ambiance d'un casino était parfaitement recréée. Tables de black jack, roulette, chemin de fer, baccara, animés par de véritables croupiers. Des cadeaux symboliques remplaçaient les gains :

« Les jeux d'argent en dehors des lieux prévus par la loi sont formellement interdits. Préalablement, la brigade des jeux avait dépêché un de ses inspecteurs sur place pour vérifier que ce n'était pas un tripot clandestin », se souvient la souriante P.-D.G.

Dans un immense appartement de l'avenue Foch, pour le premier anniversaire du fils de la maison, la société Peter Kim a disposé des dizaines de grosses peluches dans les différentes pièces. Le couloir ressemble à une allée de fête foraine avec son stand de marionnettes, sa charrette de barbe à papa, sa carriole de glaces.

A son arrivée, chaque enfant se fait maquiller et dispose d'une malle remplie de déguisements. Un spectacle de clowns, jongleurs et prestidigitateurs précède le gâteau d'anniversaire. Mais tandis que les adultes se restaurent au buffet en regardant s'amuser leur progéniture, le principal protagoniste de cet après-midi, offert en son honneur, dort bien sagement dans son berceau...

Pour fêter leurs noces d'or, Kim propose à de riches Saoudiens de remonter le temps. Sur le carton d'invitation, il est en effet précisé que chaque couple d'invités se doit d'arriver dans la tenue qu'il portait lors de leur propre mariage.

La concierge de cet immeuble de Neuilly s'en frotte encore les yeux. Un samedi soir, la brave dame voit monter dans l'ascenseur plusieurs femmes en longues robes blanches à voilette au bras d'hommes en habit et haut-de-forme. Arrivés chez leurs hôtes, un chambellan les accueille puis les conduit dans une pièce où un homme portant l'écharpe tricolore les remarient civilement. La cérémonie est simultanément retransmise sur un écran géant disposé dans le salon. Pendant le dîner, trois caricaturistes passent de table en table et croquent les invités.

« Je m'occupe de tout pour deux mille francs environ par personne. A notre époque, même les milliardaires peuvent réellement s'amuser sans se ruiner », conclut-elle malicieusement.

116

Champagne pour tout le monde !

« Notre bonne vieille terre peut très bien continuer à tourner et à nourrir ses milliards d'enfants sans caviar. Mais puisque le créateur a mis
cette merveille à notre disposition, nous n'avons
pas le droit de l'ignorer. Le rêve, la fête, la joie
de vivre dans une société en crise sont des remè-
des qu'il ne faut surtout pas négliger. »

Comment ne pas adhérer à un tel programme ? C'est en tout cas celui que propose
Christian Petrossian, principal importateur et distributeur de caviar dans le monde.

Indissociable des grandes réceptions, symbole
de richesse et de luxe, image capitaliste par excellence placée sur le même piédestal que la
Rolls Royce, ou le havane, le prix des célèbres
boîtes rondes et bleues varie suivant la variété
des œufs de poisson qu'elles contiennent.

De 5 800 francs pour le kilo de Beluga - gris
clair ou gris foncé - à 2 400 francs pour le Sevruga - aux grains plus petits - en passant par
l'Ossestra - jaune doré, brun - aux alentours de
3 000 francs. Le bruit court que le caviar blanc
est le meilleur parce que le plus rare.

« C'est faux, rectifie Christian Petrossian, on
en trouve moins parce qu'il provient des estur-
geons albinos. Cette légende vient du fait que le
Shah d'Iran ne l'aimait pas. Alors, pour s'en débarrasser, il en offrait à tous ses hôtes, persuadés
de recevoir un présent somptueux. »

Si seul le critère de goût entre en ligne de compte dans l'achat du caviar, il n'en demeure pas moins vraisemblable, au dire de ses adeptes, qu'il possède des vertus curatives. Tous les matins, un homme de quatre-vingt-huit ans vient acheter un petit pot de cinquante grammes dans la boutique du boulevard de Latour-Maubourg :

« Si je suis encore en bonne santé, c'est grâce au caviar », dit-il.

Un jour, Christian Petrossian rend visite à l'un de ses amis, victime d'un grave accident de voiture.

« Je suis catastrophé, lui confie ce dernier, je ne ressens plus aucun désir envers les femmes. »

Pour tenter de remonter le moral de son camarade, il lui fait porter une boîte du précieux « élixir ». Dès le lendemain, le blessé téléphone :

« Christian, tu m'as sauvé la vie. »

Ces deux anecdotes passent pour illustrer l'aura mystérieuse qui entoure les petits grains noirs. Le livre d'or du célèbre traiteur est plus épais que le bottin mondain. Pêle-mêle on trouve les signatures de Catherine Deneuve, Françoise Sagan, Salvador Dali ou Coluche. Ian Fleming, le créateur de James Bond, y a écrit : « From Russia with love », et Serge Gainsbourg, sarcastique comme à l'accoutumée : « Je préfère me chauffer au caviar plutôt que de manger du charbon. »

118

On n'envoie pas son chauffeur ou son maître d'hôtel chercher son pot de caviar. C'est sans doute pour cela que les milliardaires viennent eux-mêmes choisir leur variété favorite et qu'ils acceptent, au moment des fêtes de Noël, de faire la queue devant la boutique. Cependant, les grands habitués se le font livrer. Sacha Guitry commandait régulièrement du Sevruga par téléphone. Il disait simplement :

« C'est moi ! »

Après réception de son Beluga, Picasso, lui, renvoyait systématiquement son chèque plié dans un petit dessin signé.

Le caviar se déguste selon un rituel bien établi. Mais au grand désarroi de Christian Petrossian, nombreux sont ceux qui feignent de l'ignorer.

« Je connais une importante cliente qui nous achète régulièrement un kilo de caviar. Je pensais qu'elle le préparait pour ses invités comme il se doit, c'est-à-dire avec de la glace, de la vodka et à la petite cuillère. Pas du tout ! Elle apporte sur la table un vulgaire potage, verse le caviar, remue et sert. Les Américains le mangent avec des œufs durs, des oignons, du persil, des câpres. »

Recordman toute catégorie de la consommation de caviar, ce riche Vénézuélien en commande cent kilos par mois, soit 50 millions

de centimes le hors-d'œuvre. De passage à Cara-
cas, Christian Petrossian lui rend une visite de
courtoisie. Intrigué, il demande :
« Mais que faites-vous donc d'une telle quantité ?
- C'est pour ma consommation personnelle et
pour les amis que je reçois chez moi. »
Les louches sont sûrement plus grosses au Venezuela qu'en France...
Petrossian vient d'ouvrir un restaurant à la
gloire du caviar, en plein centre de Manhattan.
Là, dans une ambiance Art Déco, Placido Do-
mingo, Candy Spelling et bien d'autres savourent
les perles noires pour un prix moyen de
3 000 francs le repas.

De chaque côté de l'église de la Madeleine,
comme un clin d'œil du destin, se trouvent face
à face, les deux plus prestigieuses épiceries fines
de la capitale. L'une comme l'autre refuse l'ap-
pellation de traiteur car, malgré un débit et une
infrastructure importants, ils ne possèdent pas de
département grandes réceptions. Néanmoins, des
clients téléphonent quotidiennement pour se
faire livrer des plats préparés qu'ils n'auront plus
qu'à réchauffer pour leurs dîners.

Chez Fauchon, la cave est de réputation internationale. Le Romanée Conti à 5 000 francs, le Vieil Armagnac à 4 000 francs se vendent autant que les corbeilles de fruits à 400 francs. Récemment, un Allemand s'est fait envoyer par containers entiers des dizaines de bouteilles de champagne, de Saint-Emilion, et de cognac pour une valeur d'un million de francs lourds. Les importations de denrées sont plus importantes que les exportations en raison des règles d'hygiène. Dans ce « supermarché » de luxe viennent régulièrement s'approvisionner Thierry Le Luron ou Sylvie Vartan. Quotidiennement, le chauffeur de Marcel Dassault passe chercher deux tranches de jambon pour le doyen des députés.

Chez Hédiard, Lucien Babin, le sommelier, passe une grande partie de son temps à aménager des caves dans les sous-sols des appartements parisiens :

« On me donne un budget de départ d'environ 100 000 francs, puis je suis chargé d'y entreposer un échantillonnage de vin, blanc, rouge, champagne et spiritueux. Plusieurs fois par an, je me rends à nouveau sur les lieux pour compléter le stock écoulé. »

Ici aussi, on peut trouver les produits les plus rares mais aussi les plus prohibitifs tels ce thé « Castelton récolte » à 3 100 francs le kilo, ou ce café « blue Mountain » de Jamaïque à 430 francs.

Tant que les bouteilles d'eau minérale n'atteignent pas ces sommets, le petit déjeuner reste encore abordable...

« Depuis des années, raconte Alain Gilles-Nave, directeur chez Lenôtre, un Britannique vient à Paris, par avion, pour faire son marché hebdomadaire ici. Homards, volailles, plats cuisinés, gâteaux, il dépense à chaque fois une petite fortune, puis, lorsque ses achats sont emballés dans des boîtes en polystyrène, il reprend un vol régulier pour Londres. Il nous arrive également d'envoyer chaque mois, pour un montant de 50 000 francs, des coffrets de chocolats à un prince arabe. »

Spécialiste des pâtisseries, la maison Lenôtre fabriqua, il y a deux ans, une des plus grosses pièces montées qui aient jamais existé. Destinée aux quatre cents invités du mariage d'un émir, elle ne mesurait pas moins de trois mètres cinquante de haut et coûtait un million de centimes.

6.

Palaces, palaces

La multiplication des chaînes hôtelières modernes, où la rentabilité prime avant tout ren-
force le prestige des vieux palaces. Immenses et
impressionnants paquebots, ils symbolisent le dernier refuge luxueux d'une époque aux fastes su-
rannés. Près des berges parisiennes, quelques-uns
de ces plus beaux navires ont jeté l'ancre.

« Ma définition de la richesse ? Pouvoir faire
les choses confortablement. Je ne supporte pas de
voyager avec des bagages. Afin de m'éviter ce
genre de désagréments, je laisse en permanence
une garde-robe complète dans les plus grands hôtels comme le Dorchester à Londres, le Pierre à
New York, ou le Plaza Athénée à Paris. Je ne
considère absolument pas cela comme une folie,
mais comme quelque chose de bien pratique. »

Cette profession de foi est de Jean-Baptiste
Doumeng, célèbre industriel français. Elle illus-

tre parfaitement l'état d'esprit de tous ceux qui, pour une nuit, une semaine ou plusieurs mois, par obligation ou plaisir, établissent leurs quartiers dans les palaces. La suite louée n'est en fait que le prolongement naturel de leur résidence principale. Ils aiment s'y sentir parfaitement à l'aise, et faire, sans retenue aucune, tout ce qui leur passe par la tête.

La principale consigne du personnel hôtelier n'est-elle pas d'ailleurs de satisfaire discrètement, rapidement et sans paraître jamais surpris, la moindre exigence du client ?

Le Plaza Athénée, près des Champs-Élysées, au 25, avenue Montaigne : un emplacement enviable puisqu'il se situe à égale distance de l'Arc de Triomphe et des Invalides, de la place de la Concorde et de la tour Eiffel, du palais du Trocadéro et du jardin des Tuileries. Les appartements de ce palace donnent sur une cour intérieure bordée d'arbustes, de géraniums et de deux petites fontaines. Le lierre couvre les façades, grimpe jusqu'aux toits, et fait de chaque chambre une terrasse isolée. La direction accorde une importance toute particulière à la décoration florale. La facture globale de fleurs est, en fin d'année, nettement plus importante que la note d'électricité. Tout comme dans d'autres hôtels de cette catégorie, un fichier secret des goûts et manies intimes de la clientèle - trois oreillers pour l'un, un stock de savonnettes pour l'autre - est constamment remis à jour et consulté au moment des réservations. Le système « incognito » permet également aux célébrités de s'inscrire sous un pseudonyme et d'utiliser des sorties dérobées afin d'échapper aux photographes.

Ursula Andress, Herbert Von Karajan, David Bowie ou la reine Margrethe du Danemark réservent régulièrement des suites à 4 500 francs la nuit. Ces dernières, agencées dans les tons pastel, mélangent habilement un ameublement de style Louis XVI et les équipements audiovisuels les plus sophistiqués. Les rideaux de taffetas, la porcelaine de Haviland, l'argenterie signée Christophle, la lumière ocre et tamisée, font de ces intérieurs une superbe plaquette publicitaire pour magazine de décoration.

A l'heure du thé, dans la « galerie », sous les imposants lustres de cristal, parmi les palmiers en pots et le buste de Molière, on croise souvent quelques célèbres habitués du lieu. Autour d'un Earl Grey, le couturier japonais Kenzo répond aux questions d'une journaliste, Jimmy Connors rassure Ivan Lendl quant à la puissance de son revers. Entre deux cuillerées de tarte au citron, Bo Derek confie à Farrah Fawcett les derniers potins d'Hollywood, et Federico Fellini livre à Marcello Mastroianni sa dernière trouvaille pour accommoder les spaghettis.

125

Quoi de plus naturel pour M. Thomas, chef du Grill Relais Plaza - l'une des cantines les plus appréciées pour sa tranquillité par le Tout-Paris - que de servir Yves Saint-Laurent à deux heures du matin? Un feuilleté de saint-pierre, suivi d'une chiffonnette de crêpes aux cerises, le tout arrosé d'un honorable bourgogne blanc non millésimé coûte dans les 500 francs, soit presque autant qu'un frugal dîner chez Maxim's.

Si la plupart des exigences sont faciles à satisfaire, Gérard Thiault, l'homme aux clefs d'or, doit cependant quotidiennement faire face aux extravagances les plus inattendues. Il y a quelque temps, une riche excentrique lui demande d'acheter pour elle un hôtel particulier avec un grand jardin près de Saint-Cloud. Cette somptueuse demeure, où jamais elle ne couche, sert exclusivement à promener son chien. Chaque matin, le chauffeur le dépose dans le parc, et chaque soir, il le reconduit chez sa maîtresse... au Plaza.

L'année suivante, l'animal quitte ce monde, décidément bien trop cruel pour lui. La maison est alors immédiatement mise en vente. La raison de cette dépense de 100 millions d'anciens francs?

« Je ne pouvais supporter l'idée que mon chien fasse de mauvaises rencontres au bois de Boulogne. »

126

Courteline ou Feydeau ne renieraient sûrement pas les dialogues que l'on peut surprendre à la réception :

« Je souhaite un peu plus de rose dans mon appartement.

- Bien madame, je fais immédiatement le nécessaire.

- Non, je crains que vous ne m'ayez pas comprise. J'exige que tout soit rose. Les draps, le canapé, le linge de toilette, les rideaux, les peintures... et les roses. »

Ou bien :

« Je ne dîne pas ici ce soir. Soyez assez aimable de prévoir une baby-sitter pour mon caniche. Il n'aime pas rester seul. »

Après son départ, une Américaine qui loue une chambre de plus de 2 000 francs à l'année téléphone, complètement affolée :

« J'ai oublié mes pantoufles favorites, envoyez-les-moi en urgence. »

Lorsqu'on l'informe qu'elle a également laissé un manteau de vison, sa réplique est surprenante :

« Gardez-le jusqu'à mon prochain séjour, mais je vous en conjure, postez vite les chaussons. »

Lord Forte, un Anglais d'origine italienne anobli par sa gracieuse Majesté, en raison de sa réussite, dirige le groupe « Trusthouse Forte ». Il est

127

à la tête d'une multinationale qui compte huit cents palaces ou hôtels, disséminés aux quatre coins du globe, dont le George V. Peu d'endroits ont été témoins d'autant d'événements historiques, ni reçu un aussi grand nombre de célébrités, que ce dernier. Magnats de l'industrie, milliardaires, acteurs, musiciens, politiciens, hommes d'État, écrivains... Le roi Ibn Séoud, Paul Getty, le général Patton, Sacha Guitry, Duke Ellington, Marlène Dietrich, Richard Nixon, le prince et la princesse Ruspoli, Greta Garbo, ou plus récemment Bernard-Henri Lévy. Le philosophe a trouvé pendant plusieurs mois, dans la chambre 911, la sérénité nécessaire à la rédaction d'un de ses livres : *Le diable en tête.*

Chaque année, pendant toute la période du Trophée Lancôme, le golfeur Gary Player transforme sa salle de bains en gymnase. Il s'y fait monter 250 kilos de poids et haltères, pour se maintenir en forme.

Véritable musée Grévin, le George V ressemble aussi étrangement à l'annexe du château de Versailles : tapisseries d'Aubusson, buste de Napoléon Iᵉʳ signé Houdon, peintures de maîtres flamands... Mais la régulière détérioration des œuvres d'art, dont plusieurs meublent les chambres, incite de plus en plus la direction à les entreposer dans les rares appartements inoccupés.

Pour qu'une famille du Moyen-Orient puisse

128

respecter ses traditions ancestrales, le directeur accepte que l'on aménage, dans leur suite, une gigantesque tente berbère, heureusement munie d'un sol ininflammable. Les lits ne sont jamais utilisés, les fenêtres rarement ouvertes. Ils couchent, reçoivent, mangent, et organisent plusieurs méchouis sous la toile. Après leur départ, en raison de l'odeur persistante de nourriture, la moquette est changée, les peintures rafraîchies, et les meubles nettoyés. Des travaux de quelques millions intégralement remboursés, et versés par le client.

« Avec les Arabes, nous sommes obligés de laisser une brigade en cuisine toute la nuit. Noctambules invétérés, ils commandent des repas pantagruéliques à quatre heures du matin. Les mets les plus raffinés ne sont que dédaigneusement grappillés », explique le personnel avec un sourire crispé.

Mais en contrepartie, l'échelle des gratifications est à la mesure des derricks : parfois intarissable, toujours imposante. Un prince saoudien s'installe au George V et demande un chauffeur. Lorsque celui-ci arrive, il désigne du doigt une mallette ouverte sur le lit, contenant un passeport, un billet d'avion et une revue perdus au milieu de plusieurs liasses neuves de dollars.

« Achetez une Rolls », lui ordonne-t-il.

A la fin de deux mois de bons et loyaux services, l'employé raccompagne son client à l'aéroport.

« Que dois-je faire de la voiture, monsieur ? Faut-il que je la laisse au parking de l'hôtel jusqu'à votre prochain passage à Paris, ou bien dois-je me charger de l'expédier ?

- Gardez-la pour vous », répond, toujours aussi laconiquement, le prince.

Au Royal Monceau, palace presque aussi prestigieux et luxueux que ses illustres prédécesseurs, mais sans doute moins connu du grand public, on a fait de savants calculs : « Un prince arabe rapporte plus que dix Américains, il dépense en moyenne 100 000 francs par jour. Dès l'arrivée du printemps, ils envahissent l'hôtel, réservent deux ou trois étages entiers et demandent invariablement que chaque suite - dont certaines coûtent 7 500 francs la nuit - soit équipée d'un magnétoscope avec plusieurs cassettes pornographiques. A toute heure, un serviteur arpente les couloirs afin d'apporter aux gardes du corps, en faction devant les chambres, un verre de thé à la menthe », rapporte l'un des chefs de réception.

Après avoir conclu ses affaires à Londres, une haute personnalité du Qatar descend une semaine au Royal Monceau. Pendant cette période, le personnel reçoit l'interdiction formelle de pénétrer dans sa suite. Son propre valet s'occupe du ménage. Dormant le jour, il fait chaque soir le tour des boîtes de nuit. Avant de prendre congé de cette capitale aux mille et un plaisirs, il passe acheter cinquante paires de chaussures chez Carel. Toutes identiques, quant au modèle, différentes quant à la pointure, elles sont distribuées, de retour aux pays, à ses secrétaires, collaboratrices ou amies.

« Ces appartements manquent de verdure », constate un prince arabe, à peine le seuil franchi. Son chauffeur part immédiatement pour Rungis, d'où il rapporte un camion entier d'arbres fruitiers et de palmiers. Ne pouvant décemment tout remporter dans son palais, déjà plutôt bien garni, une partie de ses achats fleurissent depuis les balcons de l'hôtel.

Quel passe-temps peut inventer le précepteur d'une royale progéniture lorsqu'il a dévalisé toutes les boutiques de jouets ? Eh bien, il achète quelques poules, canards, lapins et oiseaux quai de la Mégisserie. Une fois les chambres libérées, la femme de ménage retrouve une basse-cour complète, enfermée dans les placards, cachée sous les lits, perchée sur les lustres, ou barbotant dans les baignoires.

Les princesses voilées ne possèdent ni chéquiers, ni porte-monnaie. Leurs armoires, leurs coffrets à bijoux recèlent suffisamment de merveilles pour remercier une femme d'étage dévouée. Moins poétiques, leurs époux distribuent souvent plusieurs billets de 500 francs à la fois au groom.

Face à cette générosité, que doivent-ils penser de cette vieille dame installée à l'année au Royal Monceau ?

Chaque matin, elle ne commande qu'une tasse de café noir. Vers onze heures, elle sort discrètement de sa chambre en peignoir, s'assure qu'il n'y a personne dans le couloir, et complète son petit déjeuner en ramassant, sur les plateaux laissés devant les portes de l'étage, les restes de toasts, confitures et jus d'orange...

Depuis sa complète rénovation en 1980, l'hôtel Scribe a dignement repris sa place dans le petit cercle fermé des palaces parisiens. La proximité des grands magasins et de nombreux théâtres constitue, sur sa carte de visite, un atout appréciable. Le Scribe accueille Yves Montand, Murray Head, Gloria Gaynor, tout comme la majorité des vedettes qui passent à l'Olympia. Combien de cantatrices, de danseuses étoiles viennent se reposer dans l'une des suites après leur triomphe à l'Opéra !

« Avec les divas, je dois faire très attention. Le moindre courant d'air, et c'est l'extinction de voix fatale », explique avec bonhomie Jean-Henri Antoine, le directeur général.

Ici aussi, la démesure est de rigueur. Une princesse arabe loue les deux plus beaux duplex.

« Pourquoi deux appartements, puisque votre domestique occupe une chambre voisine ? » hasarde avec déférence la réceptionniste. La réponse ne tarde pas. Une estafette dépose devant l'hôtel plusieurs tonnes de bagages. Moins d'une heure plus tard, des malles entières de robes, des valises gorgées d'accessoires, deux stoïacs ployant sous les manteaux de fourrure, plusieurs rangées de chaussures parfaitement alignées ainsi qu'une impressionnante quantité de produits de beauté encombrent le second duplex.

Quelques instants avant son départ, un haut dignitaire du Moyen-Orient court place Vendôme, d'où il rapporte une dizaine de montres en or.

« Tenez, c'est pour vous. Distribuez les autres à vos collègues », annonce-t-il au portier médusé. Il s'engouffre dans une Mercedes et file à Orly, où l'attend son jet privé. Une extravagance somme toute infime en regard de l'attitude de ce riche Sud-Américain qui téléphone pour réserver une chambre et précise :

« Installez une autre baignoire assez grande dans la salle de bains, je ne me déplace jamais sans mon alligator. »

Le concierge de l'Intercontinental de Genève a, quant à lui, fermé les yeux sur la procession de call-girls - à 10 000 francs la nuit - destinées à distraire les représentants des émirats, lors de la conférence de l'OPEP d'octobre 1984. Ces derniers semblaient d'ailleurs plus préoccupés par leur confort personnel que par la fixation du prix du baril de pétrole. Entre les différents ministres, la concurrence fut âpre afin d'obtenir l'une des plus belles suites, louée 12 000 francs par jour. Une lutte fratricide s'engagea même entre le Saoudien Yamani et le ministre du Qatar Abnudul Aziz Al Thani à propos des deux appartements présidentiels du dix-huitième étage, un peu plus luxueusement aménagés à chaque visite des protagonistes, et qui ne coûte pas moins de 16 000 francs. Si la direction de l'établissement se réjouit de la présence de tels clients, les télécommunications helvétiques ne sont pas en reste avec 232 448 unités à 120 francs passées pendant toute la durée de la réunion, et pour lesquelles l'Intercontinental perçoit sa dîme au passage.

L'ancien hôtel particulier de M. Crillon est le dernier palace parisien entièrement géré par des capitaux français. La famille Taittinger veille depuis 1907 à sa destinée.

Toutes les suites, d'environ cent mètres carrés, et d'un prix moyen de 13 000 francs la nuit, donnent sur la place de la Concorde. Le coton dans les oreilles est néanmoins inutile. Un épais vitrage anti-bruit les isole parfaitement de l'extérieur. Deux cents chambres, redécorées dans les tons pastel, beige et blanc par Sonia Rykiel, sont généralement occupées par une clientèle américaine. La proximité de l'ambassade des États-Unis et de l'Élysée attire têtes couronnées, ministres étrangers, hommes d'affaires, et donne au Crillon des allures de Fort Knox. Nul renseignement concernant la clientèle ne peut être divulgué. Sourd, muet, aveugle, l'ensemble du personnel ressemble à s'y méprendre aux trois singes de la légende.

Et pourtant, il y a peu, une cliente leur a joué un bon tour. Au moment de payer sa note, la brave dame sort de son sac un écrin rempli de louis d'or.

« Je ne dispose que de cela », annonce-t-elle timidement.

Bien embarrassé pour convertir ses pièces, et, le cas échéant, pour lui rendre la monnaie, le directeur, prévenu de l'incident, se penche vers elle :

« Cela n'a pas d'importance, vous réglerez lorsque vous reviendrez nous voir. »

Propriétaire de plusieurs stations de télévision américaines et multimilliardaire de surcroît, Walter Annenberg a moins de chance.

« Votre carte de crédit ? » lui demande la caissière à son arrivée au Plaza de Grand Rapid, dans le Michigan.

« Je n'en ai pas, répond-il, habitué à ce que ses frais soient généralement réglés par ses gardes du corps, malheureusement absents.

– Alors, il faut payer en espèces et d'avance », reprend la préposée de plus en plus méfiante. Annenberg fouille dans ses poches, mais elles sont désespérément vides. Témoin de la scène, Ashrad Ghorbal, diplomate égyptien, intervient :

« Je connais ce monsieur, vous n'avez rien à craindre. »

L'employée demeure imperturbable. Après

quelques minutes de tergiversations, Walter Annenberg se procure finalement la somme d'argent nécessaire, règle une nuit d'hôtel et monte excédé dans ses appartements. Installé confortablement, il retrouve peu à peu son calme, examine le reçu, et, s'aperçoit avec stupeur d'une grossière erreur en sa défaveur. Il attrape furieusement le combiné téléphonique et récite, *ad libitum*, toutes les innombrables injures de son répertoire. Tout finit par rentrer dans l'ordre.

Caroline Hunt Schoellkopf possède une recette infaillible pour enrayer la moindre déconvenue. Lorsqu'un hôtel ne lui convient pas, elle l'achète.

Descendue au Bel Air, palace au cœur d'Hollywood, elle était indisposée par le délabrement de sa chambre et l'alignement des arbres dans le parc. Après une transaction de 350 millions de dollars, l'établissement change de propriétaire, et Mme Schoellkopf peut alors convoquer librement tous les corps de métiers afin de le rénover selon ses goûts.

A Park Lane, en bordure de Hyde Park, non loin du palais de Buckingham, trône le Dorchester, l'hôtel londonien préféré du sultan Muda Hassanal Mu'Izzadin Waddulah, l'un des hommes les plus riches du monde. Il y réserve en permanence une suite et s'est déjà plusieurs fois, sans succès, porté acquéreur de l'établissement.

Début 1985, le sultan de Brunei, fait une offre de 45 millions de livres sterling, jugée « irrésistible » par la direction. Le marché se conclut rapidement. Grand seigneur, le souverain s'engage, d'autre part, à consacrer 20 millions de livres supplémentaires pour faire du Dorchester « l'hôtel le plus luxueux du monde ». Le sultan Muda Hassanal n'a sûrement pas dit son dernier mot. Mais en attendant, bénéficie-t-il d'une carte de fidélité donnant un droit de préemption lors d'un éventuel rachat du palace ?

En 1976, à Los Angeles, Severyn Ashkenazy ouvre l'hôtel Ermitage. Passionné de peinture, il décore les murs avec des reproductions de tableaux célèbres. Peu à peu, la réussite aidant, il décroche chaque copie pour la remplacer par son original. Aujourd'hui, d'authentiques Van Gogh, Braque, Picasso, Miro ornent le hall et les chambres.

« Abîmer ou bien voler les œuvres d'art n'est pas dans le style de notre clientèle. Néanmoins, un jour, un inconnu a dessiné une moustache sur un portrait de Renoir. Grâce à Dieu, c'était encore le faux », se souvient le propriétaire.

Les galeries de Beverly Hills ne craignent pas

138

la concurrence de M. Ashkenazy. A l'hôtel Ermitage, les tableaux ne sont pas à vendre, et le ticket d'entrée à 6 000 francs la nuit leur laisse encore de la marge.

Les situations cocasses au cinéma prennent souvent des allures dramatiques dans les palaces. Après l'enregistrement d'une émission de télévision, Elton John rentre harassé au Savoy, à Londres. Il verse quelques sels de bain moussant dans la baignoire, ouvre les robinets, et s'engage alors dans une interminable conversation téléphonique avec Renata, son épouse, restée à New York. Le compositeur Marvin Hamlisch, qui dort sereinement à l'étage inférieur, est soudain réveillé par un suintement d'eau au-dessus de son lit, qui lui tombe à intervalles réguliers sur le front. Alerté, le personnel sanitaire s'introduit sans ménagement dans la suite du chanteur et se retrouve au milieu des chutes du Niagara, les pieds sur des tapis transformés en serpillières.

Une étourderie qui coûte à l'auteur du déluge la modique somme de 50 000 francs.

Cependant, la vie d'artiste est parfois bien sinistre lorsque, après les applaudissements, on se retrouve tout seul dans un hôtel. C'est ce qu'a dû penser Wilson Pickett, le célèbre chanteur noir, dont la longue silhouette, toujours affublée d'un chapeau de cow-boy, hante les couloirs du Concorde Lafayette.

« Je veux répéter, trouve un local, dit-il à son manager, un samedi soir vers minuit.

- Tu n'y penses pas, à cette heure-ci tous les studios sont fermés. »

La direction, absente pour le week-end, ne peut autoriser l'ouverture de la buanderie du sous-sol. Qu'à cela ne tienne, Wilson rafraîchit ses cordes vocales dans le hall d'entrée devant un parterre clairsemé et médusé.

C'est aussi cela, la vie dans un grand hôtel.

Conçu comme l'un des palaces les plus luxueux du monde, le Nova Park de Paris, malgré les problèmes financiers que connaît le groupe auquel il appartient, continue d'attirer une clientèle que son faste rococo et surchargé n'effraie pas. Celle-ci compte depuis juin 1985 le chanteur américain Prince, l'anti-Michaël Jackson. Venu passer une dizaine de jours dans le plus strict incognito, la star a loué pour la durée de son séjour la célèbre suite royale de l'hôtel à 30 000 francs, piscine comprise.

Arrivé dans une énorme limousine aux vitres teintées, il exige de tout le personnel la plus grande discrétion. Au point que lorsqu'il veut sortir, l'opération prend des allures de roman d'espionnage. Elle est préparée comme un « coup » de commando. Les gardes du corps se répartissent sur tout son trajet, de sa chambre au deuxième sous-sol, où est garée la voiture.

Équipés de walkie-talkies, ils surveillent le passage. Summum de la discrétion, l'interprète de *Purple Rain* se couvre la tête d'une couverture, afin de ne pas être reconnu. Habile camouflage qui remplace avantageusement les lunettes noires. Après ces péripéties, une fois installé dans le véhicule, il ne lui reste plus qu'à se faire conduire au Forum des Halles où il peut faire du shopping, entouré de quatre montagnes de muscles qui ne le quittent pas d'une semelle. Les quelques jeunes fans qui le reconnaissent - beaucoup s'imaginent avoir affaire à un sosie, d'où le silence de la presse - sont rapidement dissuadés de toute approche.

La capitale l'intéresse surtout pour les instruments de musique qu'on y trouve. Il les achète en quantités, et repart aux États-Unis sans les emporter. Il demande à la direction de l'hôtel de les lui faire expédier chez lui, à Minneapolis. Ils serviront peut-être à composer la chanson qu'il dit avoir l'intention d'écrire à la gloire de Paris.

Bien que non exhaustif, comment conclure ce tour d'horizon des grands hôtels, sans évoquer leur modèle de référence : le Ritz ?

Lieu d'exception, ce palace de la place Vendôme, où, pour paraphraser Baudelaire, « tout n'est que luxe, calme et volupté », sert, depuis sa création en 1898, de résidence parisienne à toutes les célébrités ou têtes couronnées du monde entier. Marcel Proust, Hemingway, Scott Fitzgerald notamment le fréquentèrent assidûment. Tout comme au Crillon, la réputation des lieux tient autant à la beauté du cadre, à la qualité de l'accueil, au confort raffiné des chambres, à l'excellente tenue du restaurant qu'à... la discrétion du service.

Beaucoup y tiennent et l'hôtel ne compte plus ses fidèles. Une Américaine qui séjourne régulièrement à Paris, de longue date, pour constituer et renouveler sa garde-robe, a même été jusqu'à acheter un appartement place Vendôme. Mais elle ne s'en sert que pour ses essayages, son majordome lui y apportant les robes des magasins alentour. Pour vivre et pour dormir, elle traverse la place et retrouve son « dear old Ritz »...

7.

Des hobbies très coûteux

Le marteau d'ivoire frappe le pupitre du commissaire priseur. Maître Hervé Chayette dirige une importante vente de montres anciennes. Dans la salle, un homme d'âge moyen suit les enchères en hochant imperceptiblement la tête. Cet après-midi-là, il repartira avec sept cent mille francs de montres de collection.

« Ce Français est l'acheteur qui m'a le plus étonné dans ma carrière, se souvient Me Chayette. Lorsque à l'issue de la séance, il est venu chercher et payer sa marchandise, pour une raison ou pour une autre, on ne lui a pas remis le bordereau d'adjudication. Le jour suivant, réalisant notre oubli, nous lui envoyons le reçu par la poste. Pensant qu'il s'agissait d'une facture, il nous a réexpédié dans les quarante-huit heures un nouveau chèque de sept cent mille francs. »

Qui a dit que nos compatriotes n'ont plus d'argent ? Celui-là avait signé un chèque de soixante-dix millions de centimes afin de satis-faire son hobby et ne s'en était même pas rendu compte. Lorsque l'on est riche, les passions sont à la mesure des moyens. Jean-Baptiste Doumeng en sait quelque chose. Le « milliardaire rouge », vient de trouver une manière originale d'unir son goût pour la culture et le canular. Une mau-vaise blague qu'il destine aux collectionneurs et aux autorités françaises. « Mes seules folies, je les fais pour tout ce qui touche à la culture, car dans mon enfance j'en ai été sevré », dit-il.

Ça tombe bien ! Les Brueghel de la collection de Pauw cherchent preneur.

Charly de Pauw, un promoteur belge, achète, par hasard, en 1974, son premier Brueghel le Jeune, « La Danse Villageoise ». Ce coup de cœur va le transformer. S'il lui a fallu quatorze minutes pour acheter son premier tableau, il lui faudra dix ans pour acquérir les trente-neuf au-tres. Il est, sûrement, le plus gros collectionneur privé de peintres flamands. Chacun des artistes de cette illustre lignée est présent chez Charly : Pieter l'Ancien, Pieter le Jeune, Jan et Jan II. Ils illuminent tous les murs de sa maison des envi-rons de Bruxelles.

Au début de l'année 1985, le monde - et les salles des ventes des grandes capitales - perdent un grand collectionneur. Charly de Pauw meurt subitement. Avec sa disparition, les quarante Brueghel sont orphelins, mais Jean-Baptiste Doumeng envisage très sérieusement de les adopter :

« J'ai envie d'acheter cette collection. Si je le fais, je n'en garderai qu'un ou deux pour le plaisir. Je ne suis pas du style à accumuler les œuvres d'art de cette façon, car à part leur possesseur personne n'en profite. Par contre, si je m'offre ces Brueghel, je pense les vendre au Musée de l'Ermitage de Leningrad. Ça fait râler tout le monde et ça m'amuse. »

Les tableaux ne sont manifestement pas le seul hobby du P.-D.G. d'Interagra, qui collectionne aussi les provocations.

« Wildenstein, qui a une très belle collection de tableaux, m'en prête un de temps en temps afin que je l'expose dans mon village de Noé et que j'en fasse profiter les habitants. »

Un client d'Hervé Chayette, à la seule lecture d'un magazine, a dépensé - et gagné - plusieurs centaines de milliers de francs :

« Ce milliardaire du golfe Persique est un gros acheteur d'objets anciens. Un jour, je vais le voir à Londres afin de lui proposer une affaire susceptible de l'intéresser. Nous roulons à bord de sa Rolls-Royce suivis de deux voitures bourrées de gardes du corps et de secrétaires. Alors que nous discutons, lui devant, à côté du chauffeur, moi sur la banquette arrière, il repousse ma pro-

145

position ; par contre, il est intéressé par la photo de couverture de la *Gazette de l'Hôtel Drouot* que j'ai avec moi.

« Qu'est-ce que c'est que cette horloge ? me demande-t-il.

- Un astrolabe du XVIe siècle... En plus du cadran horaire, il est muni de dispositifs représentant la course de la terre autour du soleil et les déplacements des astres. C'est une invention arabe.

- Je la veux et je suis prêt à aller jusqu'à un million de francs. »

Son vœu sera exaucé : les enchères ne monteront qu'à 850 000 francs. Une bonne affaire. Mais l'histoire ne s'arrête pas là. Son riche et nouveau propriétaire confie l'horloge aux soins attentifs d'un restaurateur. Celui-ci commence à nettoyer l'objet et, sous la couche marron sale de ce qui semblait être la peinture d'origine, il trouve de très belles polychromies, une découverte qui multiplie dans de larges proportions la valeur de l'astrolabe. Le jour où notre milliardaire arabe s'en lassera et voudra s'en débarrasser, il fera, de l'avis même des experts, une très fructueuse affaire.

De semblables aventures, il en arrive tous les jours sur le marché mondial de l'Art. Mais il ne suffit pas d'avoir du flair. Il faut pouvoir geler des sommes parfois importantes sur une longue

146

période. C'est ce que fit, aux États-Unis, une riche famille : les Fitermann. Pendant vingt-cinq ans, ils ont acheté tout ce qui, dans les ventes, était signé Miro et Calder. La constance et la fidélité sont récompensées. Ils sont aujourd'hui à la tête d'une collection représentant plusieurs millions de dollars.

En fait, collectionner les œuvres d'art, quelles qu'elles soient, est presque le hobby « nécessaire » aux très riches. D'une part, c'est un moyen de dépenser beaucoup d'argent et d'autre part, cela leur permet de faire leur entrée dans le club, forcément très fermé, des initiés. En France, certains amateurs commencent à réapparaître. Là comme ailleurs, Bernard Tapie fait figure de précurseur du renouveau, aux dires de Maître Cornette de Saint-Cyr :

« Il commence à se lancer et fera de bonnes affaires car il a l'intelligence de vouloir apprendre, et vite. De plus, il n'hésite pas à surpayer, qualité indispensable lorsqu'il est question d'art. »

Bernard Tapie veut tout savoir sur la question, d'autant plus qu'au début 1985, une rumeur courait dans Paris selon laquelle le jeune P.-D.G. avait perdu 90 millions lourds dans l'achat d'une collection bidon. Bruit démenti immédiatement par l'intéressé qui reconnaissait cependant avoir été contacté par des Sud-Américains pour reprendre un ensemble d'objets d'art extrême-orientaux.

A quatre-vingt-sept ans, Armand Hammer est l'un des grands collectionneurs mondiaux. Sa fortune, outre quelques autres firmes, repose sur une compagnie pétrolière : l'Occidental Petroleum. Achetée quelques dizaines de milliers de dollars, ce qui n'était qu'une petite société va devenir l'une des dix premières dans le monde et « peser » plus de huit milliards de dollars. Hammer passe son temps à sillonner le monde à bord de l'un de ses quatre avions, dont l'un, un Boeing 727, est équipé d'un appareillage médical de cardiologie. Il a rencontré tous les dirigeants soviétiques depuis Lénine, surpassant là encore Jean-Baptiste Doumeng, qui reste quand même le dernier Français à avoir déjeuné avec Staline.

Les 600 000 km que parcourt annuellement Armand Hammer le conduisent régulièrement dans les salles des ventes où il se livre à l'une de ses principales activités : l'acquisition d'œuvres d'art. A la fin de 1980, il achète pour plus de 50 millions de francs le « Codex », de Léonard de Vinci, l'un de ses trente carnets de notes personnelles. Ses goûts sont très éclectiques et sa collection - qui compte une centaine de signatures prestigieuses - réunit Rembrandt, Rubens, Modigliani, Renoir, Gauguin, Chagall, Van Gogh, etc. De temps en temps, Armand Hammer se défait de l'un de ses chefs-d'œuvre. Ainsi, une année, il offre, à l'issue d'une exposition de sa collection à Moscou, un Goya aux Soviétiques. Ce geste généreux (50 millions de francs) n'est pas tout à fait désintéressé. Les Russes n'y restent pas insensibles, d'autant que c'est la première œuvre de l'artiste espagnol à appartenir à l'URSS. A l'occasion de futures tractations commerciales, ils ne l'oublieront pas. Il partage cette passion avec sa femme Frances, elle aussi octogénaire. Lorsque son mari vend ou offre un tableau auquel elle est attachée, elle met à profit ses talents de peintre et réalise une copie si fidèle, qu'un jour, un amateur s'est laissé abuser. Comme Frances Hammer n'envisage pas de se lancer dans le trafic de faux (elle n'en a pas réellement besoin), elle signe dorénavant de son nom ses innocentes contrefaçons.

Ce n'est pas l'Amérique - pour une fois - qui possède la plus grosse collection privée d'œuvres d'art, mais la vieille Europe. Celle que possède Armand Hammer est certes celle d'un amateur éclairé, mais elle reste relativement modeste en comparaison de celle du baron Heinrich Thyssen-Bornemisza, héritier suisse de l'un des grands noms de l'industrie allemande.

Il ne possède pratiquement que des pièces maîtresses et son ensemble n'est dépassé que d'une courte tête par la collection privée de la reine Elizabeth d'Angleterre. Elles sont regroupées dans une caverne d'Ali Baba, la Villa Favorita, un nom anodin derrière lequel se cache un véritable palais, sis à Lugano, en Suisse italienne. De l'avis même de l'intéressé, plus qu'un hobby, son goût pour l'art tourne à la manie :

« Je n'y peux rien. Je traque les œuvres d'art comme d'autres les jolies filles. »

La chasse est fructueuse, puisque son catalogue répertorie au moins 1 100 tableaux de toutes les époques et de tous les genres. Titien, Watteau, Goya et Le Greco y côtoient Picasso, Mondrian ou Bacon. Il possède même l'inévitable Rembrandt, sans lequel une collection ne saurait être tout à fait complète. Mais il a une bonne raison :

« Ma petite crise de snobisme. C'est le Rembrandt qui figure sur les billets de mille florins, monnaie de mon pays natal. »

L'ensemble des œuvres (tableaux, sculptures, tapisseries, etc.) est assurément inchiffrable. Le baron n'y tient d'ailleurs pas. Il se contente de constater que sa collection se valorise très vite..

150

Des hobbies très coûteux

Peter Ludwig, lui, n'a pas ces pudeurs. Citoyen allemand, il a commencé à collectionner les œuvres d'art au début des années cinquante, avec une prédilection pour les artistes modernes : Modigliani, Matisse, Léger, Magritte, David Hockney, Bacon, etc. Généreux, Peter Ludwig fait régulièrement don de certaines toiles à différents musées, en particulier celui de Cologne. Mais il ne peut s'empêcher de continuer à acheter :

« Je n'ai pas d'autre hobby : je ne joue pas, je n'ai pas de yacht, je ne m'intéresse à rien d'autre qu'à l'art. »

Pour satisfaire son péché mignon, il ne compte pas :

« Je dépense sûrement beaucoup trop. Quant à la valeur de ma collection, je ne sais pas. Quand j'ai fait ces dons à Cologne, en 1967, la Ville a cité le chiffre de 45 millions de marks... Au total, mes collections doivent atteindre la valeur de quelques centaines de millions de marks. »

Le baron Thyssen lui-même (il a acquis, naguère, un Gauguin, *Mata Mua,* pour plus de 38 millions de francs), confiait qu'il ne tenait pas à ce que ses enfants se découvrent, à leur tour, un goût pour les chefs-d'œuvre :

« Un dans la famille, ça suffit ! Ça nous coûte assez cher comme cela ! »

C'est le début de la sagesse. Mais il y a des

manières moins raisonnables - ou moins intelligentes - de dépenser son argent. Certains milliardaires texans en sont les spécialistes. Leurs passe-temps ou hobbies sont pour le moins exotiques. Richard Marcus, par exemple, P.-D.G. de Neiman-Marcus, un grand magasin spécialisé dans les cadeaux de grand luxe, adore les Shar-Peis, ces amas de peau plissée qualifiés de chien. Fort heureusement, cette espèce est très rare et donc la plus chère de la gent canine. Chaque année, Richard Marcus organise une énorme nuit de gala au cours de laquelle il satisfait un plaisir tout simple. Il fait visiter au Tout-Dallas les rayons insolites de son magasin. Les invités passent ainsi entre les sous-marins de poche, les mini-jets, les abris antiatomiques et les parures de diamant, rubis et émeraudes.

Percy Ross est plus original. Ce millionnaire, qui a fait fortune dans la fabrication de sacs en plastique, en a gardé la simplicité. Il lui est arrivé de provoquer des émeutes à Minneapolis. Sa technique est simple : il s'installe dans une rue avec une petite carriole de vendeur de glaces et offre des ice-creams à tous les enfants. Il a une autre méthode pour mettre en pratique son généreux souci de redistribution des richesses. Il parcourt la ville en voiture décapotable, en semant des pièces d'argent de 1 dollar sur son passage.

Son compatriote, le milliardaire John D.

McArthur ne se serait pas laissé aller à de tels égarements. Il était connu pour vouer une passion à l'économie - domestique, s'entend. Au point que lorsqu'il ne fumait pas entièrement une cigarette, il remettait la moitié intacte dans son paquet.

Cette noble attitude et sa conscience de la valeur de l'argent ne devaient pas pousser McArthur à franchir le seuil de la boutique Davidoff à Genève. Le grand prêtre du culte, Zino Davidoff, doit affronter quotidiennement des fanatiques en manque qui ne se calment que lorsqu'ils suçotent leur cigare favori. Les clients ont ceci de particulier et d'unique que leur passion dévorante réduit en cendres des fortunes.

« Le plus gros achat de notre histoire fut celui du roi Farouk d'Égypte, il y a une trentaine d'années, se souvient-il. Il nous commanda d'un coup 50 000 cigares dont il exigea qu'ils fussent bagués aux armes d'Égypte, alors qu'il n'était déjà plus sur le trône. Après de difficiles recherches nous avons fini par trouver des bagues qui convenaient. Étant donné la somme que représentait cette commande - environ 1,2 million de francs actuels - je faisais très attention, sachant qu'il n'honorait pas toujours ses factures. Je l'appelai et il me rassura. Je reçus la somme dans les heures qui suivirent. »

Aujourd'hui, les gros clients de Zino Davidoff lui donnent moins de soucis. Leurs exigences ne sont pas trop difficiles à satisfaire et, surtout, ils sont bons payeurs. Les goûts du cheik Yamani sont simples : il commande régulièrement une vingtaine de boîtes de Dom Pérignon, qu'il paie, rubis sur l'ongle, près de 400 000 francs. Son compatriote, Adnan Kashoggi, se réapprovisionne souvent et achète d'un coup 1 500 « barreaux de chaise », des Château-Yquem et Davidoff n° 1.

Très fréquemment, ces fumeurs sont pressés, voyageant d'une capitale à l'autre dans leurs avions privés. Lorsqu'ils sont en transit, ils passent un coup de fil au magasin Davidoff local afin qu'une voiture leur livre deux ou trois cents cigares qu'ils embarquent à bord, une petite gâterie qui leur permet de mieux supporter la fatigue et l'ennui du voyage.

Mais la vente des cigares et du tabac de luxe, même lorsqu'ils sont considérés comme les meilleurs du monde, reste une profession aléatoire. La clientèle est sujette à des fluctuations qui sont au moins autant le fait des revers de fortune que d'un légitime souci de santé. C'est la raison pour laquelle Zino Davidoff s'inquiète de la raréfaction des commandes d'Orson Welles :

« Nous n'avons plus de nouvelles de lui depuis un moment. Il était pourtant l'un de nos bons clients et il trouvait ici de quoi satisfaire sa consommation quotidienne : 12 Château-Latour. »

Traduit dans une langue plus terre-à-terre cela fait 500 francs par jour qui disparaissent dans les volutes bleutées du tabac de la Havane.

Eddie Barclay lui-même a entendu la voix de la raison et renoncé à son vice. Heureusement pour la maison de Genève, ce ne sont que des cas isolés. Il reste la grande masse - pas toujours anonyme - des inconditionnels. Peter Ustinov continue à commander des n° 5000, tandis que le roi Juan Carlos d'Espagne leur préfère les Château-Margaux.

Régulièrement, un petit homme au chapeau rond et vêtu d'un lourd pardessus rend visite à Zino Davidoff. Il n'est pas très riche, mais son nom est synonyme de richesse et de santé économique. Antoine Pinay, ancien président du Conseil de la IVe République, se laisse aller lui aussi de temps en temps à la petite folie d'un gros cigare.

Malcolm Forbes est lui aussi un symbole, à sa façon. Image même de la fortune et du sérieux en matière de gestion, cet homme de soixante-cinq ans, milliardaire et propriétaire du magazine américain qui porte son nom, a gardé un côté très enfantin. Son hobby est celui d'un petit garçon de douze ans : il collectionne les soldats de plomb et les maquettes de bateaux dont il possède plus de 500 modèles, le plus beau étant une réplique du *Lusitania* (valeur 280 000 francs). Comme tous les gosses, Malcolm aime bien avoir sa « collec » à portée de main. C'est chose faite depuis le mois de mars 1985, date à laquelle il en a fait transférer une grande partie dans l'immeuble de son journal, transformé pour une petite part en musée. Son seul regret est de ne pas avoir eu assez d'espace pour installer la totalité de son armée de plomb : 100 000 figurines dont une partie a dû rester en réserve, à l'arrière, dans des caisses. Son musée-salle-de-jeu fait quand même une concession à des hobbies moins enfantins puisque y sont présentées certaines collections plus sérieuses : un ensemble d'autographes très rares et dix œufs Fabergé. Ces joyaux étaient surtout créés par le célèbre bijoutier pour la cour du Tsar, où ils faisaient partie des cadeaux traditionnels. Aujourd'hui, un seul de ces œufs (pierres et métaux précieux) vaut, au bas mot 10 millions de francs.

La richesse et la folie poussent parfois certains magnats à réaliser leurs rêves et aller jusqu'au bout de leurs passions. Howard Hughes était l'un

156

d'eux. Il vivait reclus, entre ses phobies et ses fantasmes, la télévision par exemple. Ayant décidé de se mettre à l'écart du monde, la petite lucarne était son seul contact avec l'extérieur. Téléspectateur maniaque, il passait des heures à la regarder, nu, allongé sur son lit et ne s'en détachait qu'à la fin des programmes ou lorsqu'il s'endormait. Dans un premier temps, il chercha à avoir ce qui se faisait de mieux comme récepteurs : la meilleure définition de l'image, la meilleure couleur, etc. Très vite, il fit le tour de la question et de toutes les marques sur le marché. Pour être sûr de ne pas être déçu par les émissions, il acheta, à son arrivée à Las Vegas, une chaîne locale, KLAS TV.

Il la dirigea comme un despote et rompit des contrats publicitaires lorsqu'il découvrit des spots qui ne lui plaisaient pas. Un jour de juin 1968, il trouva la solution : le rachat de la chaîne ABC. Un peu comme si, un beau matin, Marcel Dassault décidait de s'offrir Antenne 2. Il écrivit à son homme de confiance, Robert Maheux : « Réalisez-vous que je vais prendre une décision qui va me coûter 200 millions de dollars aujourd'hui ? » Il lança une OPA sur le marché et acquit 43 % du capital. L'opération allait réussir, mais les autorités fédérales exigèrent qu'il passe devant une commission désireuse de l'entendre dans le cadre de la loi antitrust. Affolé à l'idée

LES RICHES

d'être obligé d'apparaître en public, il recula et
annula l'opération : il n'aurait pas sa chaîne de
télévision nationale, sa tranquillité étant à ce
prix.

Sa légende repose sur cette capacité à monter
des coups avec une rapidité extrême et d'énor-
mes moyens, en restant toujours dans l'ombre.
Cette opération ayant échoué, il ne cherchera
plus à concrétiser son vieux rêve d'avoir une télévision à lui, avec laquelle il aurait pu jouer et
étendre un peu plus son pouvoir. Le petit écran
sera pourtant l'objet d'une ultime idée folle. Il
l'échafaude du fond de sa chambre d'hôtel où il
s'était retiré, à la fin de sa vie, dans les années
soixante-dix.

Installé dans sa suite sur Paradise Island, aux
Bahamas, il constata que la réception des émissions de télévision était très mauvaise et que la
qualité de l'image était très approximative. Il se
souvint alors que ses différentes firmes et sociétés
possédaient une trentaine de satellites de télécommunications. Pourquoi ne pas utiliser l'un
d'eux afin de recevoir des images de qualité ? Au
dernier moment il renonça. De toutes façons, la
télévision ne l'amusait plus et il ne la regardait
plus qu'épisodiquement.

L'« homme-le-plus-riche-du-monde » est mort
en avril 1976, laissant derrière lui un mythe, un
halo de mystère et quelques requins bien décidés

158

à se partager - dans le meilleur des cas - ses centaines de millions de dollars.

Nous n'aurons pas l'indélicatesse de compter parmi eux Miss Terry Moore, qui après des années de procès s'est vu reconnaître le titre envié de « veuve d'Howard Hughes ». Elle réussit à démontrer qu'elle avait secrètement épousé l'infortuné défunt dans les années cinquante et hérite.

Starlette dans sa jeunesse, elle s'est rappelée au souvenir de ses concitoyens en posant nue dans *Play-Boy*. Cette prestation révéla à l'Amérique qu'elle avait de très beaux restes. Dévoiler les charmes de ses formes généreuses n'est pourtant pas son hobby préféré, même si elle est prête à recommencer :

« J'ai l'intention de réitérer l'expérience à soixante ans. Beaucoup seront étonnés. »

En attendant cette échéance pas si lointaine, sa véritable passion, c'est l'aviation. Initiée par feu son mari, elle consacre une - petite - partie de sa fortune à mettre sur pied un raid aérien autour de la planète :

« Je prépare ce tour du monde que j'effectuerai aux commandes d'un triréacteur Bac 111 prêté par un ami. Le circuit établi est celui qu'avait réalisé Howard dans les années trente : Los Angeles, New York, Paris, Moscou, Tokyo, Honolulu, Los Angeles. »

LES RICHES

Michaël Jackson qui voue une passion aux animaux, profite de tournées pour visiter les zoos des villes où il passe :

« Je me sens très proche d'eux, souvent même plus que des hommes. »

Il possède chez lui, en Californie, une mini-réserve dans laquelle il installe des pensionnaires chaque jour plus nombreux. Son intérêt pour la faune ne se limite pas à quelques clapiers au fond du jardin ou à une boîte à chaussures renfermant un couple de hérissons. Sa ménagerie nécessite un minimum de place afin que puissent s'ébattre sans contraintes : un lama - ayant posé pour les pages centrales de plusieurs magazines américains - répondant au nom de Louis, un bouquetin (Mister Tips), deux cerfs d'Amérique du Nord (Prince et Princesse) élevés au biberon par le chanteur... Cette liste serait incomplète s'il n'était fait mention de Muscles, le boa de deux mètres de long qu'il promène souvent avec lui. Comme Michael Jackson n'est pas un ingrat, il aide le serpent à faire sa mue en l'épluchant au bon moment. Ce service rendu est peu de chose lorsque l'on sait que l'animal a inspiré un tube qui porte son nom.

Larry Hagman, l'infâme J.R. du feuilleton

Dallas, a une passion moins encombrante : les chapeaux. Les amateurs de la série auront remarqué avec perspicacité les quelques exemplaires de stetsons qu'il arbore dans chaque épisode. Ils ne sont qu'une petite partie de sa collection qui en compte plus de trois cents.

Leur nombre, mais aussi l'éclectisme de leur style, font que J.R. ne peut pas tous les porter pour le tournage. Turbans hindous, casques de pompiers ou de *bobby,* chapeaux melons, chapkas russes, et bien sûr chapeaux de cow-boys envahissent les caves de sa maison de Malibu. Connaissant ses goûts, certains de ses illustres voisins lui offrent parfois une pièce rare. Ainsi avant qu'ils ne se brouillent pour de sombres histoires de voisinage, Burgess Meredith lui a donné un canotier ayant appartenu à Maurice Chevalier. Plus chics, la majorité des stetsons qu'il possède ont appartenu à Ronald Reagan. Ce dernier étant élu depuis peu, sa femme Nancy supervisait le déménagement de leur maison de Pacific Palisade avant leur départ pour la Maison Blanche. Elle découvrit dans un coin une collection de chapeaux portés jadis par l'ancien acteur lors des tournages de westerns et autres films de guerre. Elle les proposa immédiatement aux Hagman, ravis de l'aubaine.

Son amour des couvre-chefs pousse Larry "J.R." à quelques excentricités. Les habitants de

Malibu eurent ainsi la surprise de voir, un jour, un bobby régler la circulation dans les rues du quartier. Ils reconnurent, sous le casque, l'interprète de *Dallas*.

Hollywood recèle autant de variétés de hobbies que de piscines. Pourtant, l'un d'eux semble se répandre et faire chaque jour plus d'adeptes. Les Français ne s'en plaindront pas puisqu'il s'agit de gastronomie. Depuis peu, l'acteur Paul Newman est largement aussi célèbre aux États-Unis pour ses sauces et vinaigrettes que pour ses rôles au cinéma. Il excelle dans leur fabrication, au point qu'il vient d'en commercialiser une sous son nom. Une habile façon de rentabiliser ce qui, à l'origine, n'est qu'un violon d'Ingres.

Newman ne prêche pas dans le désert. Le producteur Dino de Laurentiis s'installe aussi derrière ses fourneaux à ses heures perdues. Il a jugé qu'il était dommage de ne pas en faire profiter ses contemporains et a ouvert une épicerie de luxe à Manhattan, le *DDL Foodshow*. L'établissement propose un grand choix de salades, charcuteries, fromages et pâtisseries sélectionnés par le maître, qui explique sa vocation :

« On peut produire *La Bible*, et aimer aussi les nourritures terrestres. »

Nettement moins drôle que Marcel Dassault,

Daniel Keith Ludwig est un peu plus jeune que notre milliardaire national : il n'a que quatre-vingt-sept ans. Encore plus riche, il est beaucoup plus mystérieux et ne se laisse jamais approcher par les journalistes et photographes. Paul-Loup Sulitzer s'en est inspiré pour écrire *Le Roi Vert.* Ses affaires sont peu connues, mais il est devenu célèbre pour avoir acheté un énorme domaine au cœur de la forêt amazonienne, au Brésil. La transaction effectuée à la fin des années soixante le met à la tête d'un territoire d'au moins 2 millions de kilomètres carrés. Un État dans l'État, puisque c'est pratiquement sa seule loi qui est en vigueur dans le Jari, nom de la « propriété ». Ses excès et rêves de grandeur lui vaudront d'être « remercié » par le Brésil.

Sa passion, après l'échec de ses projets pour le Jari, c'est l'économie et la discrétion. On dit que ses employés, qui le croisent parfois dans les couloirs de son quartier général, ne savent pas exactement à quoi il ressemble. Il est connu pour porter des chemises élimées et reprisées et son alimentation repose essentiellement sur les biscuits et les bananes. N'avoir comme passion que la construction d'usines géantes dans la forêt brésilienne vous dégoûterait de la richesse. Heureusement qu'il reste des milliardaires comme Marcel Dassault : chacune de ses activités semble être un hobby destiné à le distraire.

8.

La beauté n'a pas de prix

A moins de s'appeler Faust, et de signer un
pacte avec Méphistophélès, la beauté éternelle
fait heureusement partie de ce que même un
milliardaire ne peut acheter. Bien sûr, il a -
comme n'importe lequel d'entre nous - la possibilité de s'adresser à un chirurgien afin d'effacer
ses rides et lui donner l'impression d'endiguer,
pour quelques années, « du temps, l'irréparable
outrage ». Mais même le maquillage le plus cher
s'estompe et disparaît à mesure que la nature ef-
fectue son travail de désagrégation. Sans vouloir
jouer les psychanalystes, combien d'hommes et
de femmes compensent leurs complexes physi-
ques ou la peur de vieillir dans une insatiable
quête du pouvoir et de l'argent qui, quoi qu'il
puisse arriver, ne change rien.

Industrie florissante, la chirurgie esthétique est
réputée pour abriter, sous son caducée, de nom-

breux charlatans qui exploitent, jusqu'à la lie, la crédulité et la détresse humaines, mais également quelques médecins compétents. Avec les tarifs en vigueur, certains praticiens sont rapidement devenus aussi riches que leurs fortunés patients.

Le Rodin de la chirurgie esthétique se nomme Ivo Pitanguy. Installé au Brésil, la cinquantaine sportive, maniant le bistouri, sur fond de musique, cinq heures par jour, il s'occupe dans trois salles à la fois des incisions ou sutures délicates et laisse ses assistants faire le reste. Sa clinique reçoit la visite des stars comme des milliardaires du monde entier. La déontologie l'empêche de révéler leur identité, mais pas ses prix :

« Pour une chirurgie complète de rajeunissement du visage, il faut compter 100 000 dollars. 60 % de ma clientèle vient de l'étranger. »

L'époque du carnaval de Rio est particulièrement faste pour lui. Avec des bandages sur la tête, on passe plus inaperçu dans la rue lorsque toute la population se grime... La réputation de Pitanguy tient autant à ses indéniables qualités qu'aux actrices qui, satisfaites d'être passées entre ses mains, se sont ensuite révélées d'excellentes images publicitaires. Raquel Welch, Gina Lollobrigida, Marisa Berenson, et une princesse italienne qui, pour fêter sa nouvelle poitrine, donna à Rome une réception où les cinq cents invités applaudirent le nom du « magicien brésilien ».

166

La beauté n'a pas de prix

« Joy », de Jean Patou, est le parfum le plus cher du monde : 1 080 francs l'once. Composé d'essence naturelle de rose et de jasmin, sa fabrication nécessite environ 12 millions de fleurs pour obtenir un litre d'extrait de chacun de ses deux composants. Tributaire de la production de rose et de jasmin, Patou ne peut se permettre de commercialiser des flacons d'un litre de « Joy » (40 000 francs). De plus, les conditions de conservation de ce volume ne sont pas idéales.

« Par sa senteur et sa composition, ce produit a beaucoup de succès en Orient. Pour les Arabes, le parfum est symbole de pureté. C'est pourquoi j'ai appris que certains princes, plutôt que de se laver les mains avec de l'eau, emploient du Joy », dit Jean de Mouy.

Un Saoudien lui en a demandé une quantité suffisante afin d'approvisionner une fontaine, installée dans son jardin. Malgré son insistance, cette commande, et toutes les autres de ce genre sont systématiquement refusées. Cependant, Patou n'est pas contre certaines opérations de prestige :

« Nous avions passé un accord avec Rolls Royce. Pendant deux ans, l'acheteur d'une voiture recevait en cadeau un flacon de parfum. »

Des filles, petites-filles ou nièces de femmes qui, dans les années vingt portaient « Amour Amour », par exemple, viennent chez Patou pour

167

demander qu'on leur procure un flacon de ce parfum.

« Comme nous avons gardé les formules des produits dont nous avons arrêté la fabrication, il est possible de satisfaire ces nostalgiques pour 800 francs. »

« Le parfum est la forme la plus intense du souvenir, se plaît à dire Jean-Paul Guerlain. En général, nos plus grosses commandes sont constituées de deux litres de "Shalimar" (1 500 francs les 125 ml) et de toute la gamme dérivée. Nous vendons chaque année 3 200 000 bouteilles de "Shalimar". Les femmes préfèrent acheter plus souvent de petites quantités afin d'avoir le plaisir d'ouvrir un nouveau flacon. »

Au chapitre des petites indiscrétions, sachez que Danielle Darrieux, Marie Laforêt, France Gall et Michèle Morgan portent « L'heure bleue », que Brigitte Bardot et Jacqueline Kennedy-Onassis ont une préférence pour « Jicky », deux autres grands classiques de cette marque.

A chaque fois que le président de la République part en visite officielle à l'étranger, le chef du protocole vient chez Guerlain. Les parfums français sont vivement appréciés par les femmes de chefs d'État étrangers. Certains membres du gouvernement offrent aussi ce « souvenir of Pa-

168

ris » aux délégations de passage dans la capitale. La maison sert également le roi du Maroc. On peut se demander qui n'est pas l'un des innombrables fournisseurs du souverain. Combien de marques françaises pourraient porter le sigle : "by appointment of his majesty"...

Jean-Claude Brialy et Juan Carlos d'Espagne ont la chance de posséder un parfum exclusif, spécialement réalisé à leur intention par Jean-Paul Guerlain : « Mouchoir de Monsieur » composé de lavande et d'amande amère pour le premier, « Eau Hegemonienne » à base de néroli et de bois de rose pour le second.

Parfois, le contenant a plus d'importance que le contenu. Pour son extrait de parfum, Pascal Morabito conçoit un flacon en or et cristal, fabriqué à huit exemplaires seulement et au prix unitaire de 28 000 francs. Un Libanais s'est empressé d'acheter l'ensemble de cette création.

« Je veux être le seul à les posséder, et je trouve que c'est une belle idée de cadeau pour mes amies », dira-t-il.

Le sultan d'Oman, lui, doit désormais se sentir proche de la pureté absolue. A Londres, chez Harrods, il en a commandé pour 18 000 livres. Lorsque le vendeur l'avise qu'une telle quantité risque de s'évaporer, il a cette réponse :

« Ne vous inquiétez pas, c'est pour le bain. »

A sa demande, un « nez » célèbre vient de

créer «Amouage », un parfum très parisien, fort éloigné des lourdes senteurs orientales. Fabriqué dans le sultanat - afin de diversifier l'industrie de cette enclave du monde, au cas où le pétrole viendrait à s'épuiser -, ses effluves sont enfermés dans un flacon en or, argent et vermeil, représentant une dague et son fourreau, vendu 12 000 francs pièce. Actuellement à l'étude, des écrins de six bouteilles pour les magnats polygames.

La richesse rend parfois capricieux et impatient. Ne sachant pas comment changer la recharge (800 francs), un haut dignitaire omanien jette systématiquement la précieuse fiole lorsque cette dernière est vide.

Chez Alexandre, on ne s'étonne pas de voir entrer dans le salon des clientes accompagnées de chats portant des colliers identiques à ceux de leurs maîtresses, et de petits chiens vêtus de vison Dior.

« Il nous arrive de les manucurer ou de peindre les griffes en rouge ou or. »

Une kinésithérapeute habituée à se rendre au domicile d'Arabes fortunés s'est retrouvée, il y a peu, dans une situation inextricable. Plusieurs fois, un Saoudien rondouillard d'une quarantaine d'années, qui possède un appartement sur le front de Seine, a fait appel à ses services. Un soir, il lui propose 100 000 dollars pour coucher avec elle. La réponse est courtoise, mais négative. Un autre jour, il lui signe un chèque en blanc, croyant ainsi obtenir ses faveurs. Le ton de la jeune femme est toujours aussi catégorique. Apparemment, ce jeu plaît au cheik. Il achète l'appartement voisin, où les anciens propriétaires avaient installé un sauna, persuadé qu'elle acceptera bien de le masser en tenue légère. Peine perdue, malgré la chaleur et l'insistance de son client, la kinési ne quitte pas son pull et son jean. En désespoir de cause, le Saoudien envoie son secrétaire à la société qui emploie la praticienne afin de racheter l'entreprise. Mais on lui fait comprendre que cela ne changera pas les opinions de la jeune femme. Depuis, il semble que le dos de ce monsieur soit indolore car il n'a plus jamais eu besoin des compétences de la kinésithérapeute...

9.

Des robes, encore des robes, toujours des robes

Dans le monde de la haute couture et du prêt-à-porter, la capitale mondiale de la création reste, encore et toujours, Paris. La mode internationale naît, évolue, suit le courant de la métropole. Malgré la crise, la griffe de nos grands couturiers se porte et s'exporte plutôt bien :

« Notre clientèle est constituée à 45 % d'Européennes, à 5 % de femmes d'Extrême-Orient et d'Amérique Latine, à 25 % d'Américaines du Nord et à 25 % par le Moyen-Orient et l'Afrique. Nos meilleures clientes n'achètent pas plus d'une dizaine de robes à 75 000 francs l'unité par collection. En règle générale, nous ne nous déplaçons pas pour les présenter. La reine de Jordanie fait cependant exception à cette règle. Les contraintes protocolaires ou familiales ne lui permettent pas de venir », confie Hélène de Ludingshausen, directrice de salon chez Yves Saint-Laurent.

173

Dans cette maison, où, généralement, les commandes sont « importantes », on a cependant tendance à refuser celles qui paraissent trop longues ou extravagantes à réaliser. La dernière de ce genre remonte à environ quatre ans. Il s'agissait d'une robe de mariage destinée à une princesse saoudienne. Certains éléments de broderie furent trouvés sur de vieux brocarts, sur d'anciennes étoffes, puis démontés et fixés sur la robe, constituée d'un patchwork d'or et de satin blanc. Tous les essayages eurent lieu à Paris. Afin de s'y prêter, la jeune femme résida pendant deux mois dans un grand hôtel voisin.

« Ce que cela a pu coûter est désormais inchiffrable, poursuit Hélène de Ludingshausen. D'abord parce que la réalisation nous a demandé quatre ou cinq mois de travail ; ensuite, les taffetas utilisés n'existent plus et n'ont donc pas de prix. »

Mais il fallut également concevoir les robes des douze demoiselles d'honneur, puis celles de la mère et des six sœurs de la mariée. Chacune ayant besoin, pour l'occasion, de trois tenues différentes. Et la directrice de salon de conclure :

« Une robe nécessite au moins trois séances d'essayage. A chaque fois, seule ou à plusieurs, elles firent directement le voyage d'Arabie Saoudite. »

On imagine l'embarras suscité lorsque vint le

174

moment de sélectionner les sacs, chaussures et autres accessoires... Mais cela n'est rien, comparé aux petites manies de ces deux clientes européennes qui exaspèrent fortement les couturières d'Yves Saint-Laurent.

La première désire que tous les boutons de ses robes et tailleurs soient en or massif. Quand elle les apporte, il faut les déposer au coffre et ne les sortir, puis ne les coudre, qu'au dernier moment, juste pour la durée des retouches.

La seconde, maniaque de la propreté, exige que le sol du salon d'essayage - pourtant moquetté - soit recouvert d'un drap blanc immaculé et neuf, afin qu'elle puisse marcher dessus. Howard Hughes aurait sûrement apprécié une telle compagne.

Connues pour « dévaliser » les boutiques du faubourg Saint-Honoré comme s'il s'agissait de quelconques supermarchés, les belles Orientales se comportent différemment une fois rentrées au pays :

« Les Saoudiennes adorent se maquiller, s'habiller. Mais ce n'est pas forcément pour leurs époux qu'elles le font. Chaque jour, dans les palais, elles organisent des thés entre femmes où chacune redouble d'élégance. Tout est mis en œuvre afin de se montrer plus jolie que telle ou telle de ses amies. Mais on les voit jamais ainsi à l'extérieur. Du moins dans leur pays. Lorsque toutes ces princesses prennent l'avion à Londres, elles sont souvent en jean. Une fois à bord, elles se changent et mettent des tenues traditionnelles. » Confie une riche libanaise.

Guy Rambaldi, le directeur des relations extérieures chez Louis Féraud, partage et appuie cette petite étude de mœurs :

« Pour la clientèle d'Arabie, nous réalisons surtout des robes du soir en soie, brodées, et avec des manches longues très amples. Ce qu'il y a d'amusant, c'est que l'on peut voir les Arabes sortir dans la rue avec des tenues fort chères cachées sous d'horribles djellabas. »

A l'inverse d'Yves Saint-Laurent, Louis Féraud ne dédaigne pas organiser des présentations de collection à domicile. Cela conforte le prestige de la marque et épaissit les carnets de commandes. D'autant plus que les frais occasionnés par de telles manifestations - de 500 000 à 700 000 francs - sont à la charge du client.

« Récemment, nous avons fait un défilé privé pour Kashoggi dans sa résidence égyptienne, puis un autre chez un prince du Moyen-Orient. Le show dure environ une heure. Pour que tout se déroule parfaitement, nous sommes restés trois jours sur place avec douze mannequins, douze habilleuses, trois maquilleurs, deux coiffeuses, le personnel chargé de la sono et de l'éclairage. »

176

Des robes, encore des robes, toujours des robes

A la fin de l'exhibition, le souverain commande vingt robes. Peu de temps après, de passage à Paris, jugeant sûrement qu'il n'avait pas suffisamment dépensé d'argent, il s'est précipité chez Féraud pour faire emplette de quelques modèles supplémentaires...

Mais si les émirats constituent une bonne partie du chiffre d'affaires de cette maison, ils n'en forment pas l'exclusivité :

« Nos boutiques qui marchent le mieux sont bien sûr celles de Paris et de la Côte d'Azur, mais également celles de Londres, Genève, Zurich et Bruxelles - à cause de l'OTAN. Plus loin, les succursales de New York, Dallas, Los Angeles, les points de vente de Tokyo, Hong-Kong et Singapour. Les habitantes de Dallas sont folles de nos vêtements. Elles adorent venir s'habiller chez nous. » Sans doute parce que Louis Féraud a fabriqué, en majeure partie, la garde-robe des héroïnes de l'impitoyable feuilleton.

L'épouse du président de la République française - passé, présent ou à venir - est généralement une très bonne ambassadrice pour nos grands couturiers. Ce n'est pas pour cela qu'elle porte le titre envié de « la femme la mieux habillée de l'année ». Avec Torrente, Louis Féraud peut s'enorgueillir d'être le principal fournisseur de Mme Mitterrand :

« Ici, ce n'est un secret pour personne, confiet-on dans les couloirs, elle a déjà dépensé près d'un million de francs lourds. »

Est-ce purement par goût ou par facilité que la première dame de France a choisi Louis Féraud, dont les bureaux sont installés à proximité du palais de l'Élysée ?

Le budget imparti aux toilettes des compagnes des chefs d'État doit être considérable puisque, en 1981, l'entrée solennelle de Mme Reagan à la Maison Blanche fut l'objet d'acerbes critiques dans la presse américaine. Nancy portait une robe de 10 000 dollars - offerte depuis à la Smithsonian Institution - et un sac de 1 650 dollars.

« La haute couture est une activité importante qui demande une exécution parfaite, dit Jean de Mouy, directeur général de Patou. Ainsi, nous avons dans un local, soigneusement fermé à clef, plusieurs centaines de mannequins en bois qui correspondent à autant de clientes. Lorsque l'une d'entre elles commande une tenue, nous pouvons immédiatement connaître sa morphologie, ses mensurations exactes. »

Mais parfois, l'affaire se complique quand, à l'instar de cette fidèle cliente allemande, qui en achète douze par an (entre 20 000 et 40 000 francs chacune, voire au-delà) on décide de suivre un régime.

Après avoir maigri de six kilos, ce qui, aux di-

res de Jean de Mouy, n'était absolument pas nécessaire, la riche et ravissante jeune femme lui
téléphone pour que les ateliers Patou retouchent
entièrement sa garde-robe :

« Nous avons dépêché sur place notre meilleure ouvrière afin de prendre les nouvelles mesures. Puis, la cliente nous a fait parvenir, à bord
de son avion privé, la cinquantaine de vêtements
à réajuster. »

Le tout fut ensuite réexpédié. Mais, quelques
mois plus tard, la maison reçut un nouveau coup
de fil d'Allemagne :

« Je viens de reprendre les kilos perdus. Pouvez-vous m'envoyer quelqu'un ?

– Cela devient compliqué, ne pourriez-vous
pas ne faire retoucher que les robes auxquelles
vous tenez vraiment ? »

Une fois de plus, la palme de l'originalité revient à une princesse arabe. Après avoir commandé une douzaine de robes pour les fêtes du
Ramadan, elle exige qu'en même temps, des modèles strictement semblables soient réalisés pour
sa fille de dix ans.

« Il nous a fallu reproduire, en respectant parfaitement l'échelle et les proportions, une robe
conçue à l'origine pour une adulte afin de
l'adapter à la taille d'une enfant. C'est un exer-
cice difficile et périlleux. »

Chez Patou, comme dans les autres maisons de

haute couture, on est habitué aux rivalités qui opposent les différentes favorites d'un émir.

Il y a peu, la première d'atelier s'envola pour le golfe Persique avec, dans ses bagages, un simple mètre. La jeune femme qu'elle allait rejoindre avait commandé une robe de mariage avec une traîne particulièrement longue, et la désirait aussi étendue que celle des robes des autres épouses de son futur mari.

Le lynx est l'une des fourrures les plus rares. Les très belles pièces ne sont pas légion et proviennent toutes d'Union soviétique. Elles se vendent aux enchères à Léningrad où, détail amusant, les offres s'expriment en anglais et en dollars. Il n'y a pratiquement que quatre manteaux de lynx par saison qui circulent dans le monde entier. Deux arrivent jusqu'à Paris. L'un chez Dior, l'autre chez Revillon.

« C'est une étrangère qui s'est offert notre modèle pour deux millions et demi de francs et je viens d'apprendre que Dior a également vendu le sien, raconte l'un des stylistes de Revillon. Nous avons des clientes qui, chaque année, achètent un nombre considérable de fourrures. Elles ne savent pas résister à tout ce qui est nouveau : coupe, coloris, traitement... Certaines ont ainsi des garde-robes comportant parfois une bonne centaine de manteaux en zibeline, chinchilla, re-

180

nard. Etant donné qu'elles en possèdent beaucoup, certains sont rarement portés, d'autres pas
du tout. »

Dans cette boutique de la rue La Boétie, il
faut compter, au minimum, 150 000 francs pour
une belle pièce en haute couture. L'an passé,
une princesse étrangère y a commandé un peignoir de vison teint en rouge, jaune, vert et doublé en tissu éponge rouge ainsi qu'un modèle
identique pour sa fille de sept ans.

« Nous avions l'impression que c'était l'enfant
qui avait eu cette idée et l'avait suggérée à sa
mère. C'est la première fois qu'un tel peignoir
de bain fut créé dans le monde. Il coûte
150 000 francs. »

Le grand frère, huit ans, ne sera pas lésé puisque sa maman profitera de l'occasion pour lui
offrir un manteau en chinchilla blanc. Espérons
que les sangles de son cartable n'endommagent
pas trop la fourrure...

« Il y a trois ans, nous avons reçu les émissaires d'un roi. Ils souhaitaient que nous fabriquions, pour leur souverain, un pancho en vison
blanc dont les peaux devaient être cousues au fil
d'or que les ouvrières du palais avaient tissé. »

Une fois toutes les coutures effectuées et l'ouvrage terminé, les fils d'or ne se remarquent pas.
La seule différence vient du poids. Avec du fil
de métal, le pancho pèse beaucoup plus lourd.

Chez Christian Dior, un manteau de vison coloré, dit « vitrail », coûte 146 300 francs. Un manteau de plage, de la même matière, mais avec l'intérieur en éponge, atteint un prix similaire. Un client européen quelque peu frileux a commandé une couverture en vison bordée renard de couleur grise et rose, de deux mètres sur deux. Elle est estimée à 200 000 francs.

Le manteau dit « Manhattan », dans les tons bleu-gris, ou le vison représentant un masque aztèque avoisinent également les 150 000 francs. Au rayon lingerie les milliardaires sont friandes d'une chemise de nuit en mousseline de soie blanche, doublée de satin et bordée de plumes d'autruche, entièrement cousue main. Montant : 12 800 francs.

Parfois l'hypocrisie se cache aux endroits les plus intimes de la personne humaine. Qu'on en juge plutôt : à Londres, les princesses arabes se ruent dans les magasins Marks et Spencer. Elles y achètent plusieurs dizaines de sous-vêtements, toutes tailles, styles et couleurs confondus. Une fois rentrées dans leurs chambres d'hôtel, leur premier geste est d'arracher les moindres étiquettes visibles car les propriétaires de cette chaîne de boutiques sont israélites...

Certains couturiers ne se rendent jamais dans les soirées mondaines et n'envahissent pas les magazines d'encarts publicitaires. C'est sans doute pour ces raisons qu'ils attirent à eux une clientèle célèbre, mais avide de discrétion. Gérard Blaise en fait partie. Jusqu'à sa mort, Romy Schneider fut autant une amie qu'une fidèle cliente. Raquel Welch ne vient jamais à Paris sans passer prendre quelques tenues dans sa boutique. En 1984, pour la sortie de son livre, Nadine de Rothschild lui demanda de lui faire des robes qui ne la fassent pas ressembler à une baronne.

« J'en ai créé plusieurs à son intention, raconte-t-il. De teintes douces, chacune correspond aux différentes heures importantes de la journée. Certaines sont assez neutres afin de donner la part belle à ses bijoux, et d'autres comportent de légers imprimés. Ces dernières servirent aux interviews. Mes modèles, toujours exclusifs, commencent à 10 000 francs. »

L'une des robes les plus chères du monde, conçue pour une enfant, est sortie des ateliers Pierre Balmain. Destinée à la fille d'un émir du Golfe, et choisie grâce à une cassette vidéo, elle a nécessité plusieurs centaines d'heures de travail et coûte 120 000 francs.

La fillette, seulement âgée de cinq ans, est une vieille cliente de Balmain puisque cette commande, complétée par dix autres robes longues, représente déjà sa troisième collection.

Dans les magasins de vêtements pour enfants renommés, le prix des articles proposés est souvent inversement proportionnel à la taille des bambins. Chez Bonpoint, un tailleur en lin pour le premier âge coûte 2 300 francs. A la Châtelaine, on trouve une robe de baptême en soie, brodée main, à 8 060 francs et un cache-brassière à 1 430 francs. Un modèle exclusif de petite robe de dentelle, ou un mini-smoking coûtent 10 000 francs chez Nahala.

Lors de son dernier voyage à Paris, la femme de Brian Ferry, leader du groupe rock Roxy Music, était enceinte. Chez « Tartine et Chocolat », la future mère a signé un chèque de huit millions de centimes.

« Mon opinion, dit Gail Simms, directeur de "This Little Piggy" - un magasin pour enfants de Los Angeles - c'est que si les adultes souhaitent bien s'habiller, il n'y a pas de raison que leur progéniture ne le soit pas aussi. »

Pour le premier âge, Gail Simms propose un smoking blanc avec chemise en soie blanche et chaussures noires vernies pour 3 500 francs.

« J'ai réalisé pour une petite fille, qui recevait 500 invités pour son deuxième anniversaire, un costume d'ange avec de vraies plumes de cygne et une auréole en perles authentiques. »

Mary Hellen Mac Peak Jennison, également établie à Beverly Hills, a commencé sa carrière dans la haute couture en dessinant des manteaux de fourrure pour Chou, son chien, aujourd'hui disparu. Reconvertie dans l'habillement dit classique, elle conçoit des robes de cocktail ou de soirée mais également un petit manteau de vison blanc à 55 000 francs pour de très jeunes clients. Avant le décès de son animal de compagnie, cette styliste avait sûrement entendu parler d'une boutique parisienne de la rue Saint-Honoré qui, comble de snobisme, s'est spécialisée dans les tenues pour toutous. Là, on peut trouver pour l'hiver, particulièrement rigoureux à hauteur de caniveau, des lodens doublés, des chandails à col roulé en angora pour 500 francs. Les soirs de réception il est possible d'affubler son caniche d'un col cassé de smoking sur mesure avec nœud papillon blanc à 800 francs.

On ne devrait pas tarder à voir bientôt des chevaux aux fers en platine, des poissons rouges évoluant dans des aquariums en marbre massif et des puces savantes nourries au caviar...

La liste des personnalités qui s'habillent chez Francesco Smalto remplit plusieurs mètres de tissu : Jean-Paul Belmondo, Roman Polanski,

Johnny Hallyday, Michel Sardou, Jean-Luc Lagardère, Michel Drucker, Gérard Oury, entre autres, et bien sûr le roi du Maroc dont il est depuis vingt ans le fournisseur.

« Nous sommes actuellement la plus grande maison de couture pour hommes. Je vends, par an, 40 000 costumes en prêt-à-porter dont le prix varie entre 4 500 et 5 500 francs, et autant de chemises. Pour le sur mesure, il y a deux mois minimum d'attente. Le nombre, cette année, s'élève à 3 000 complets qui valent de 16 000 à 25 000 francs. 70 % de ma clientèle est étrangère. Parfois, il m'arrive de réaliser un modèle unique pour une personne qui le mérite vraiment. C'est-à-dire que je le considère déjà comme un excellent client. Je le lui offre », confie Francesco Smalto.

En flânant un peu dans la boutique on tombe sur des chaussettes en cachemire à 250 francs, des blousons en agneau glacé doublé de chinchilla à 95 000 francs et le « must », un pardessus de vigogne pur doublé de zibeline pour 450 000 francs. Ici, la note frôle parfois le million de francs lourds.

« Un prince arabe qui pèse 150 kilos vient de me commander dix-neuf costumes sur mesure. Un autre m'en a pris trois cents. Ils sont dans deux ou trois modèles différents mais dans toutes les couleurs inimaginables, afin qu'il puisse les entreposer dans chacune des résidences qu'il possède à travers le monde. »

Dans l'habillement masculin, le fin du fin est encore de faire mettre des boutons en or massif incrustés de pierres précieuses de la même couleur que la veste, ou bien, de demander à Smalto de coudre, près de la poche intérieure, les initiales en brillants et or.

Marcel Bleustein-Blanchet, Jacques Barrot, Patrick Sabatier, Philippe Bouvard et Gérard Lenorman, qui font aussi partie de sa clientèle, peuvent tous s'exclamer en chœur : "My taylor is rich"...

Tout près, chez le grand tailleur anglais Creed ils trouveront, s'il leur reste un peu d'argent à dépenser, un costume en cachemire et soie à 14 000 francs. Une broutille comparée aux 740 000 francs que coûta la robe de couronnement de l'empereur Bokassa. Il est vrai qu'elle mesurait 12 mètres et était ornée de 785 000 perles et 1 220 000 cristaux.

Pour les chaussures, le haut de gamme du sur mesure reste John Lobb :

« Nos prix de base sont de 8 800 francs pour des souliers, de 9 500 francs pour des bottines et de 12 940 francs pour des bottes de cheval. Sommes auxquelles il faut ajouter les options comme la perforation supplémentaire, les fantaisies di-

187

verses. Nous vendons deux paires de chaussures par jour. Dans nos ateliers, il y a 6 000 paires de formes « vivantes » correspondant à autant de clients. Lorsque l'un d'entre eux téléphone, nous pouvons fabriquer, d'après sa description, le modèle de son choix sans qu'il ait besoin de se déplacer », explique George William Dickinson.

Il faut attendre un an pour pouvoir chausser ces pantoufles de rêve, rançon de la gloire : Ainsi, Adnan Kashoggi a, depuis quatre ans, chez John Lobb, une commande permanente dans tous les styles : autruche, croco, lézard, verni...

« Nous lui en avons déjà fourni une trentaine environ. Puis je lui ai dit que nous ne pouvions pas monopoliser nos ouvriers pour lui. Par conséquent, nous continuerons sa commande initiale de cinquante paires lorsque nous aurons un peu plus de temps disponible. »

Kashoggi n'a cependant aucun souci à se faire pour ses semelles. Elles sont quasiment inusables. José Gomez Pienzon, un client de Bogota, qui en possède une vingtaine, vient juste de téléphoner pour demander qu'on lui remplace la paire achetée en 1952. Ils ont fini par rendre l'âme. Philippe Noiret est un fidèle de ce bottier :

« Ce n'est pas par snobisme, mais par amour des belles choses et par passion pour le cuir. Il a une collection très complète qui va de l'habillé au sport. »

Des robes, encore des robes, toujours des robes

Fayçal d'Arabie, Gregory Peck, Paul Anka sont également de fidèles clients. Le premier préfère les bottes en autruche, le second achète une paire chaque année, le troisième s'y chausse depuis qu'il a dix-sept ans et peut chaque matin, choisir, dans son armoire, l'une de ses soixante-dix paires. Yul Brynner passe régulièrement. Quant à Agnelli il a dû cesser depuis qu'un accident de voiture l'oblige à porter des chaussures spéciales.

« J'avais l'habitude, raconte avec nostalgie George William Dickinson, d'aller chaque hiver à Saint-Moritz pour y rencontrer le Shah d'Iran. Arrivé dans sa villa, on me conduisait dans une pièce où d'autres personnes - fournisseurs, ambassadeurs - attendaient également un entretien. Nous discutions, buvions un café, puis l'on venait me chercher. Une fois entré dans sa chambre, je savais que le Shah n'avait que dix minutes à me consacrer. Sur le lit, étaient étendues six tenues de ski différentes parmi lesquelles il allait choisir celle qu'il porterait ce jour-là. Je lui montrais les modèles de la collection, il choisissait, m'expliquait les modifications qu'il souhaitait que j'y apporte. Arrivée la fin de l'entrevue, toujours très courtoise et simple, je m'éclipsais puis notais immédiatement ses désirs, afin de ne pas les oublier. »

Mais certains clients, tout aussi riches et prestigieux, ont parfois un comportement désagréable.

« Des confrères ont été appelés chez le roi du Maroc. Ils se sont déplacés, ont longuement attendu pour s'entendre dire que l'on ne pouvait les recevoir. Ils ont dû rentrer à Paris fort désappointés. »

Cependant, lorsque ce souverain se décide à rencontrer des fournisseurs, il fait les choses en grand. Il y a quelques mois, sa commande chez Vuitton s'est élevée à une fortune. Malles, boîtes à fez, coffrets à bijoux, en tout 97 pièces.

Au chapitre des extravagances, Patrick Vuitton vient de réaliser, pour un chef d'orchestre japonais, un coffre Hi-Fi constitué d'une platine tourne-disque, d'un lecteur de cassettes et de plusieurs rayonnages pour disques. Les enceintes sont placées dans le couvercle. Un client italien s'est offert, moyennant 50 000 francs, une malle spéciale pour y ranger soixante-dix chemises - deux par tiroir -, une vingtaine de briquets et autant de montres.

« Remplie, elle doit bien peser cent kilos, dit Patrick Vuitton. Certains nous demandent des bagages uniquement conçus pour transporter trente paires de chaussures, voire des selles ou bien des carabines. Sylvie Vartan en possède plusieurs avec des compartiments à perruques. »

Un milliardaire de Hong Kong, quant à lui, a pris un modèle particulièrement rare : la réplique de la malle créée en 1879 pour l'explorateur Savorgnan de Brazza. On trouve à l'intérieur un lit de camp (190/90), un matelas, des couvertures et des oreillers. Elle vaut 20 000 francs.

Pour les œnologues, Vuitton propose une mallette avec deux bouteilles, tire-bouchon, verres, serviettes et nécessaire de dégustation. Les amateurs de whisky ne sont pas oubliés puisqu'il existe la même avec flacon, bouteille d'eau gazeuse, seau à glace et verres.

Un riche Suisse a pris, pour son yacht amarré sur le lac de Zurich, toute la gamme de bagages en vache naturelle. Composée de cinq pièces, la ward-robe coûte 100 000 francs.

Les entrepôts recèlent des surprises dignes des greniers de campagne :

« Il y a quelque temps, nous avons retrouvé des valises que personne n'est jamais venu reprendre. Elles appartiennent à des clients qui, dans les années vingt, entre deux croisières, préféraient nous les laisser en dépôt, plutôt que de les rapporter à leur domicile. Elles sont remplies de jupes, robes de soirée, chapeaux. Sûrement des vêtements compromettants car, à cette époque, ces voyages étaient souvent des escapades extraconjugales. »

Les belles propriétaires, aujourd'hui disparues ou grand-mères, auraient sûrement aimé récupérer ces vestiges de leur jeunesse.

Afin de satisfaire la demande de sa clientèle, Francesco Smalto vient de créer « la Rolls Royce » du bagage. Réalisées sur mesure, suivant les goûts et nécessités de l'acheteur, ces malles en loupe d'orme - marqueterie identique à celle du tableau de bord des célèbres limousines -, de couleur champagne, doublées en chamois et dotées de serrures en plaqué or 18 carats valent 45 000 francs. Pour le même prix il fournit une housse ouatinée afin d'éviter les éraflures pendant les transports.

« Un jour, raconte Pascal Morabito, un client américain vient me voir avec, à la main, un sac gonflé de billets. Il y en avait pour 160 000 dollars. Curieusement, cet homme d'affaires ne se sentait pas en sécurité s'il n'avait pas, en permanence, cette somme d'argent sur lui. Il ne faisait pas confiance aux cartes de crédit, aux carnets de chèques, et avouait avoir un faible pour le liquide. J'ai donc conçu spécialement pour lui une mallette avec un double fond d'un volume égal à celui que représente environ un million et demi de francs. »

Plusieurs fois, des Arabes lui ont commandé une série de six valises en croco d'un montant total de 500 000 francs.

« Vous les livrez sur place, dit-il, vous repassez un an plus tard pour une nouvelle commande, et

192

vous constatez que les paquets, envoyés douze mois auparavant, n'ont même pas encore été déballés. »

En 1983, au moment des fêtes de fin d'année, Adnan Kashoggi se promène rue du Faubourg Saint-Honoré et remarque, dans la vitrine d'Hermès, une selle en crocodile rouge particulièrement mise en valeur. Décidé à se l'offrir, il pousse la porte du magasin, où, bizarrement, sa requête embarrasse le vendeur. L'objet en question, spécialement fabriqué pour décorer, n'a pas été prévu pour la vente. Mais la diplomatie commerciale oblige la satisfaction d'une telle envie, surtout envers ce genre de client. Quelques instants plus tard, Adnan Kashoggi ressort avec sa selle sous le bras, son portefeuille délesté de 40 000 francs.

A Noël dernier, le sultan de Brunei a reçu en cadeau, de la part de la direction, une paire de bottes d'équitation en crocodile rouge.

Spécialiste de l'équipement équestre, Hermès a fabriqué pour Robert Sangster, un Anglais, propriétaire d'une des plus belles écuries de course du monde, une série de 200 cendriers à ses couleurs, et portant la liste des victoires remportées. 100 000 francs qui ne partent pas en fumée, mais qui en recueillent les cendres...

Certains liens qui unissent les fournisseurs à

leurs clients suscitent respect et admiration, comme le rappelle André Doucet, P.-D.G. de Dupont, par une anecdote qui laisse songeur :

« Avant guerre, nous fabriquions des nécessaires de voyage. En francs actuels, ils coûteraient environ 40 000 francs. Dans les années 1938-1939, le baron de Rothschild en commande un, mais les hostilités l'empêchent de venir le chercher. Pendant l'occupation, un officier allemand visite nos ateliers, découvre la mallette et souhaite l'acheter pour Goering. Il insiste longuement, sans succès. En 1945, elle est livrée à son propriétaire à qui nous racontons l'anecdote. Touché par tant de sollicitude, il décide d'apporter un codicille à son testament, précisant que ce nécessaire devra demeurer un bien incessible de la famille Rothschild. »

10.

D'or et de diamant

Rien ne change. Les Européens s'émerveillant
des folies commises par les princes du pétrole
ont oublié qu'en Europe, il n'y a pas si longtemps, d'autres princes avaient aussi leurs caprices. Ils ont oublié qu'à l'occasion de son couronnement, en 1901, Edouard VII roi d'Angleterre
avait commandé chez Cartier un assortiment de
vingt-sept diadèmes en or et pierres précieuses.
Un achat similaire à ce que les magnats du pétrole s'autorisent de temps à autre. Tous font
partie du club très fermé qui a accueilli, en leur
temps, les rois de France, les grands d'Espagne,
les grands-ducs russes et plus récemment les financiers et hommes d'affaires internationaux.

Simplement, avec les années, les très riches
Occidentaux ont appris à être plus discrets, sécurité et fisc obligent, ce qui ne les empêche d'ailleurs pas de rester les meilleurs clients de la

place Vendôme. Mais leurs achats se font sous le sceau du secret le plus absolu. Plus encore que les émirs du Golfe, ils sont effarouchés par une quelconque publicité et, au moindre risque, un épais rideau protège leurs emplettes.

Il reste heureusement quelques irréductibles, en Europe et aux États-Unis. Ils sont prêts à mettre un million de dollars et parfois beaucoup plus dans une parure ou une montre qui compte plus de pierres précieuses que d'heures dans une journée. Ainsi cet industriel allemand, passionné de diamants jaunes : il les collectionne avec la patience méthodique d'un entomologiste du Muséum d'histoire naturelle. Il a les moyens d'assouvir sa passion et pourchasse les pierres convoitées aux quatre coins du monde. La place Vendôme est, bien sûr, son terrain d'investigation privilégié.

Les bijoutiers l'avertissent lorsque, parfois, se présente sur le marché la pièce qui peut satisfaire ses exigences.

« En 1979, cet acheteur d'outre-Rhin avait fait savoir à toutes les grandes maisons qu'il était à la recherche d'un très beau diamant jaune », se souvient Alain-Dominique Perrin, le P.-D.G. de Cartier. Lui et ses concurrents sont donc à l'affût de cette rareté. Quelques semaines plus tard, les prospecteurs annoncent victorieusement :

« Un négociant new-yorkais possède la gemme

convoitée mais la pierre est en cours de taille. »

Sans en savoir plus, Cartier se porte acquéreur du joyau :

« Nous avions appris que le brut faisait 350 carats, mais on ne pouvait préjuger du poids définitif une fois taillé. »

Le commanditaire est immédiatement prévenu. La pierre, enfin disponible, est expédiée à Londres, où l'affaire se traite en une nuit :

« Notre client est arrivé un soir dans notre magasin londonien, après la fermeture, pour plus de tranquillité et de discrétion. Il a examiné le « Louis Cartier », nom que nous avons choisi pour cette superbe pierre de 107,70 carats, D-flowless, parfaite. Satisfait de notre découverte, il nous a signé sans sourciller un chèque de 5 millions de dollars. »

Heureux de sa trouvaille, l'amateur allemand a pu rentrer chez lui et offrir le « Louis Cartier » a une très jolie jeune femme qui, depuis, le porte en sautoir.

Sans aller jusqu'à prétendre que les amateurs de diamants jaunes sont légion, on peut dire que ce collectionneur allemand n'est pas unique dans son genre. Il doit affronter la concurrence sérieuse d'un « expert » reconnu par les joailliers, mais plus célèbre dans le monde par ses lunettes, son club de football et ses chansons que pour ses talents de gemmologue. Elton John, obsédé par les diamants, avoue un net penchant pour les jaunes. A force de fréquenter ses magasins, il est devenu un ami de Alain-Dominique Perrin :

« Il fait vraiment partie des grands connaisseurs et ne se laisse jamais proposer des pierres de qualité médiocre. »

D'autant plus qu'il est un excellent client de Cartier où il a acheté le diamant canari de 4 carats qu'il porte régulièrement à l'oreille...

Si sa passion pour les pierres est partagée par d'autres, elle lui permet quand même de revendiquer un titre de gloire qu'il est seul à porter dans le monde : il a fait ouvrir un dimanche, spécialement à son intention, une boutique Cartier, ce qui, de l'avis même d'Alain-D. Perrin est un « must ».

Elton John donnait un concert de charité à Central Park à New York. La soirée fut un énorme succès, des milliers de gens s'étant déplacés pour l'occasion. Etonné et heureux de l'ampleur de cette réussite, après le spectacle il voulut fêter dignement l'événement, la meilleure façon étant, pour lui, d'acheter des bijoux. Malgré l'heure avancée - la scène se passe en plus, un samedi soir - il téléphone au directeur du magasin Cartier de New York, qu'il connaît :

« Je viens demain faire des achats.

- Demain ? Mais, c'est dimanche !... Justement le jour où nous sommes fermés ! »

Néanmoins, devant l'insistance de son correspondant, il lui promet d'essayer de faire quelque chose. Qu'on en juge.

En pleine nuit, le directeur appelle tous les vendeurs :

« Soyez au magasin demain à 9 h 30, nous ouvrons pour Elton John. »

Le dimanche matin, à 10 heures, comme prévu, sa limousine se gare le long du trottoir, devant chez Cartier. Lorsque le chanteur pénètre dans la boutique, il a la surprise de voir les trente vendeurs et vendeuses à leur poste comme à l'accoutumée. Pris à son propre piège, il ne peut éviter d'acheter des bijoux, pour une « somme raisonnable », ce qui, aux dires des intéressés, se situe entre 500 000 et un million de francs.

A l'exception d'Elton John et de sa boucle d'oreille, d'Elizabeth Taylor et son fabuleux pendentif, les amateurs de joyaux sont généralement discrets. Et ce qui n'est parfois qu'un investissement n'apparaît que rarement au cou d'une jolie femme. A l'inverse de cette dernière, Candy Spelling a les moyens de sa sophistication. Sa fortune - celle de son mari - est considérée à Hollywood comme approchant le demi-milliard de dollars (5 milliards de francs, soit l'équivalent des plus grosses fortunes françaises). C'est suffisant pour se permettre quelques folies, surtout lorsqu'on en a toujours eu l'habitude. Car si Aaron, son mari, a commencé avec des cachets d'acteur de troisième rang, elle est issue d'une famille riche.

Aujourd'hui, à Beverly Hills, une légende veut qu'il ne se passe pas de jour sans qu'elle porte au moins pour 4 millions de dollars (40 millions de francs) des bijoux les plus divers. Elle est connue chez Sotheby's pour n'assister aux ventes aux enchères qu'accompagnée de sa loupe de joaillier dont elle se sépare rarement. L'instrument est probablement superflu pour admirer la pierre qu'elle porte à un doigt. C'est l'un des plus beaux diamants du monde : 40 carats, D-flowless, pierre qui a jadis appartenu au Shah d'Iran. C'est une référence. Candy Spelling ne se contente pas de porter ces merveilles. Elle a fini par les connaître et affirme être capable de dire précisément, en regardant une pierre, sa qualité et son poids. Mais le charme des bijoux s'étant émoussé, elle a décidé de remiser sa loupe de joaillier au profit d'un dictionnaire de la peinture.

Eblouie par la collection d'impressionnistes de Mme William Goetz, fille du producteur Louis B. Mayer, elle pousse son mari sur le marché de l'art. C'est ainsi qu'ils achètent leur premier Monet.

Un choix qui ne fait sûrement pas plaisir au vendeur de Kazanjian Jewels, à quelques kilomètres de là. Kazanjian est l'un des joailliers en vue de Rodeo Drive, l'avenue chic de Los Angeles. Sa philosophie, lorsqu'il présente une bague de plus de 5 millions de francs, est immuable :

« Il y a une très bonne raison pour acheter des bijoux : on ne peut pas conduire sa Rolls dans un salon, transporter sur soi un million de dollars. Le moyen le plus simple pour montrer aux autres sa fortune et sa réussite, c'est un beau joyau. »

Ce jeune héritier américain dont les parents sont passés chez Boucheron n'en est peut-être pas encore à faire preuve d'un tel bon sens. Il ne lit pas encore le *Wall-Street Journal,* mais son patrimoine personnel vient d'augmenter de 1,5 million de francs. Car papa et maman n'ont pas résisté devant la vitrine du joaillier. Lorsqu'ils ont repris l'avion pour l'Amérique, leurs bagages pesaient un peu plus lourd. Ils rapportaient quelques souvenirs de Paris à la chère tête blonde : un biberon orné de corail et de diamants pour le premier âge. Pour le deuxième, il mangera sa bouillie dans une assiette en or décorée de petits poussins dans le même métal mais gris. La petite cuillère est assortie, de même que les peignes, et autres brosses à cheveux. Mais après tout, comme le confie pudiquement le joaillier :

« Il faut dire que c'est l'un des bébés les plus riches du monde. »

Les enfants de ce chef d'entreprise français, lui aussi client de Boucheron, ne sont probablement plus en âge de manger de la bouillie. Leur père, au moment de prendre sa retraite, a voulu profiter de l'occasion pour offrir à ses cinq descendants pour 1,5 million de bijoux et autres objets de décoration.

Les bijoutiers ont une tendresse particulière pour les maris infidèles, importants consommateurs, qui achètent tout en double :

« S'ils achètent un bijou pour leur maîtresse, ils culpabilisent et en prennent un pour leur femme en même temps. Mais l'inverse peut aussi se produire », dit Alain Boucheron qui précise que ce comportement est universel : Européens, Américains, Arabes, même combat.

Ce genre d'acrobaties devient plus difficile lorsque, comme l'a fait Richard Burton dans les années soixante, on offre à sa femme un diamant de 70 carats, acheté un million de dollars à l'époque, chez Cartier - New York. D'autant que le joyau en question fit la « Une » des journaux et qu'il reste l'un des plus beaux du monde. L'investissement fut, en plus, judicieux puisque sa détentrice le revendit dix ans plus tard trois fois plus cher.

Comparée à notre monogamie austère mais financièrement avantageuse, la position du mari arabe est pathétique. Car s'il n'a pas forcément de nombreuses maîtresses, il doit quand même faire face aux obligations qu'engendrent les quatre épouses légales autorisées par l'islam.

Alain Boucheron, décidément spécialiste des affaires délicates, vit, sur le terrain, des situations parfois poignantes :

« Il y a quelques mois, nous recevons la visite d'un Saoudien, le chef moral des bédouins. Cet homme déjà âgé nous demande de lui montrer nos plus belles parures. Très amoureux de sa vingt-sixième femme, il veut lui faire un cadeau somptueux, à la hauteur de son amour, et arrête son choix sur un bijou de 10 millions de francs, superbe. Ça, c'est pour le plaisir. Mais il a aussi un devoir moral et légal envers ses actuelles épouses légitimes. Par équité, il doit leur acheter des parures à la beauté et au prix comparables, et dépenser encore plus par obligation que par amour. »

Dilemme résolu de manière vertigineuse par un prince arabe il y a quelques mois. La place Vendôme tremble encore au souvenir de cette histoire, digne des époques de grands fastes. Ce client - s'il est encore possible de le qualifier ainsi - désirait combler chacune des cinquante femmes de sa vie. Le vieux bédouin est dépassé, car celui-ci commanda d'un coup cinquante parures. Chacune d'elles coûtait vingt millions de centimes, et, exigence d'homme délicat, elles devaient toutes être différentes afin de ne pas créer de jalousies.

Cet amoureux - arabe - qui fit à sa belle un cadeau digne d'entrer dans l'histoire mérite de figurer dans le livre des records : Il lui offrit dix milliards de centimes en parures et bijoux de toutes sortes.

La finalité du présent étant de parer la femme aimée pour une soirée, on peut se demander si elle ne ressemble pas, ainsi harnachée, à la façade d'un casino de Las Vegas. Diadèmes, collerettes, colliers, bracelets - aux poignets et aux chevilles - bagues, boucles d'oreilles et autres pendentifs recouvrent littéralement le corps. Une telle débauche d'or, d'argent, de diamants, émeraudes, et rubis n'a pas pour seule explication le désir de paraître. Si les maris arabes couvrent - au sens propre - leurs compagnes de bijoux, c'est par pudeur.

Quand les Européens offrent une parure pour mettre en valeur la beauté d'un cou ou la grâce d'une gorge, leurs contemporains du Moyen-Orient en offriront deux fois plus, pour cacher la peau nue. Les joyaux ne sont plus simplement des faire-valoir, mais des cuirasses, des écrans. Leurs femmes, elles, y sont particulièrement sensibles. C'est leur cotisation vieillesse, en quelque sorte. Répudiées par leur mari, elles ne peuvent rien garder, sauf les bijoux. Pour peu que celui-ci ait été raisonnablement épris pendant les premières années du mariage, cela lui laisse le temps de remplir le coffre de sa femme. Celle-ci, rassurée, voit alors s'éloigner le spectre des vieux jours misérables.

Tout ceci ne doit pas laisser croire que les femmes soient les seules destinataires et responsables des coups de folie de leurs compagnons. Ils ont pour eux-mêmes quelques coquetteries.

Vers le milieu des années soixante-dix, cheik Rashid, originaire des Emirats arabes, avait impressionné un bijoutier londonien qui pensait probablement être blasé. Il lui avait acheté d'un coup une centaine de paires de boutons de manchettes et avait emporté le tout pour 700 000 francs.

Cet homme doit avoir beaucoup de chemises, ou alors il aime les boutons de manchettes. Comme Adnan Kashoggi, le richissime Saoudien, connu pour avoir les plus gros jets privés, les plus longs yachts et les villas les plus vastes : il ne résiste pas à ces bricoles de rien du tout, c'est son côté enfant.

Cette passion, bien innocente, le saisit parfois en plein ciel. Juan Carlos Bernsau, aujourd'hui directeur chez Cartier, se souvient de ces crises de manque. Il travaillait alors chez Bulgari, le célèbre joaillier italien :

« Adnan Kashoggi est connu dans les milieux de la bijouterie pour adorer les boutons de manchettes. Il lui arrive, lorsqu'il est à bord de son DC8, au-dessus de l'Atlantique, d'appeler le magasin Bulgari de Manhattan, en disant par exemple :

"Mon jet atterrit à Kennedy Airport dans peu de temps. Je suis obligé de faire une escale technique de quelques heures. Pouvez-vous m'envoyer un vendeur avec vos derniers modèles ?"

Dès réception de son appel, une limousine fonce à l'aéroport international. Arrivé sur place, le vendeur grimpe dans l'avion avec la collection de boutons de manchettes. Kashoggi l'accueille, choisit, en achète quelques dizaines. Le vendeur repart et l'avion de Kashoggi décolle. »

Rentré chez lui, l'homme d'affaires saoudien pourra ranger ses dernières trouvailles avec les centaines qu'il possède déjà. Sa collection doit être assez complète puisque, chez Bulgari uniquement, il en a acheté au moins 300 paires. La coquetterie masculine n'a pas de limites, et les boutons de manchettes de Kashoggi sont des hochets comparés aux boutons de chemise d'un prince du Bahrein.

Plus raffiné - ou plus snob - ce dernier a eu l'idée de boutonner sa chemise avec trois diamants de même taille. Celle-ci a de grosses boutonnières et il est obligé de chercher des pierres de 10 carats (5 millions lourds). Il n'aurait pour l'instant trouvé que deux diamants correspondant à ses désirs. Mais les spécialistes de la place Vendôme finiront bien par lui en trouver un troisième. Il pourra alors porter sa chemise préférée.

Folie moins originale mais partagée par tous : la montre. Sous toutes ses formes, or, argent, diamant, rubis ou autres, la montre reste une valeur sûre du shopping des riches. Le général de Gaulle lui-même, qui n'était pas connu pour sa coquetterie, se laissait volontiers tenter par les trois aiguilles. L'ancien officier de chars qu'il était avait un net penchant pour la « tank » de Cartier. Au point qu'il aimait en offrir à ses proches collaborateurs. Georges Pompidou eut, bien sûr, droit à ses largesses. Un peu trop même à son goût. Car on dit qu'à la troisième « tank » offerte par le grand homme, il commença à montrer des signes d'agacement et de lassitude. Il serait pourtant hâtif d'en conclure que Cartier fut à l'origine du différend politique qui l'éloigna du Général en 1969...

Ces quelques cadeaux n'ont rien à voir avec ceux que pratiquent à grande échelle les rois et princes du Moyen-Orient. Ils aiment les montres au moins autant que les voitures. On chuchote place Vendôme que certains en achètent cinq cents d'un coup. Ils les distribuent comme présents à leurs amis et visiteurs.

Il y a quelques années, en 1979, un prince saoudien a acheté chez Boucheron trois montres dont les verres étaient des émeraudes, saphirs et rubis de 25 carats chacun. Chaque montre valait 3 millions de francs. A ce stade, les chiffres, les quantités d'or et de pierres précieuses ne signifient plus rien. L'esprit disjoncte à ces évocations.

Si l'ampleur de certains achats est difficilement imaginable, la façon d'acheter de ces clients hors catégorie est parfois pittoresque, en raison même de la nature de ce qu'ils achètent et des prix atteints.

Il n'a pour l'instant été question que d'homme et de shopping. Ne soyons pas sexistes. Les femmes aussi achètent. A leur façon...

Un jour, en 1980, une femme sans âge, pas vraiment clocharde, mais tout de même un peu négligée - compte tenu des standards maison - entre chez Boucheron. Le personnel hésite à la laisser s'installer, d'autant que, pour compléter le tableau, elle traîne un gros cabas. Passé le frisson d'horreur, on décide de la laisser regarder.

L'intensité dramatique atteint son sommet lorsqu'elle demande à un vendeur :

« J'aimerais voir quelques-unes de vos parures, dans le style de celle qui est dans cette vitrine. »

Ayant fait sienne la devise « Servir », celui-ci pousse le sacrifice jusqu'au bout et s'exécute. Un peu plus tard, sur le tissu de la table-présentoir s'étalent plusieurs parures de diamants, d'émeraudes et de saphirs.

« Celle-ci me plaît beaucoup, je vous la prends. »

Le vendeur n'a pas le temps de faire sa crise d'apoplexie. La cliente hisse son cabas sur la table et le vide de son contenu : poireaux et autres navets couvrent le comptoir et les parures, ajoutant une note de fraîcheur à l'austérité du magasin. Avant que le vendeur, décidément malmené, ait pu dire quoi que ce soit, elle tire 1,2 million de francs, le prix de la parure en liquide, du fond de son sac à provisions. Satisfaite de ses achats - les légumes et le bijou -, elle repart comme elle est venue, laissant perplexe le personnel de chez Boucheron...

Tout aussi originale, cette femme qui entre un jour chez Van Cleef & Arpels, un collier de strass à 50 francs dans la main :

« J'ai acheté ceci dans un supermarché. Je le trouve joli et je voudrais le même. Mais en vrai : diamants et or blanc. »

Le vendeur s'exécute. C'est sûrement le seul exemple de contrefaçon dont la copie coûte mille fois plus cher que l'original. L'histoire ne dit pas si Prisunic fit un procès au joaillier...

Si le client est roi, il arrive pourtant que, même dans ces magasins où règnent la plus extrême courtoisie et une certaine sérénité, on en arrive à perdre son calme. Les vendeurs de chez Mauboussin en savent quelque chose. Ils voient entrer un jour un jeune Arabe en djellaba, qui s'approche d'un comptoir. Tout se gâte lorsqu'il sort, des plis de son vêtement, un pistolet. « Malgré tous les systèmes de sécurité, il y eut un petit mouvement de panique de la part de tout le monde », reconnaît Alain Mauboussin. La situation, jusqu'ici un peu tendue, se décrispe lorsque le jeune homme, un prince, explique qu'il n'a pas l'intention de partir avec la caisse, mais au contraire d'y verser son écot :

« Je pars faire mon service militaire, et je voudrais que vous décoriez mon arme. J'aimerais assez une crosse en or et un canon incrusté de pierres précieuses. Si possible diamants et émeraudes. »

Les 400 000 francs versés pour ce travail par cet appelé de luxe valaient bien une petite frayeur.

S'il avait voulu être plus simple, il aurait aussi pu aller chez Bijan, sur Rodeo Drive à Los Angeles. Ce styliste iranien installé depuis plusieurs années aux États-Unis possède aujourd'hui l'un des magasins pour hommes les plus snobs de la côte Ouest. Son catalogue propose quelques accessoires originaux pour ceux qui ont déjà tout. En particulier un colt de calibre 38 spécial plaqué or pour 70 000 francs. Il n'est pas précisé si les balles sont aussi joliment « habillées ».

Moins spectaculaire mais tout aussi gênante, l'aventure survenue récemment à Alain Boucheron. Il pensait avoir tout vu en matière de modes de paiement, mais il s'est un peu étonné lorsque, au moment de payer, un client japonais s'est déshabillé. « On lui avait dit dans son pays que la France n'était pas sûre. Alors il avait mis une grosse somme d'argent dans son caleçon. Quand il fallut payer, il dut baisser son pantalon. »

Lorsqu'il fait ses achats chez Cartier à Beverly Hills, Michaël Jackson est beaucoup plus raisonnable. S'il vient régulièrement, il n'achète que de petites broches et des « charms ». Ces petites figurines, représentant souvent des animaux, s'accrochent à un collier ou un bracelet. Il fond devant ces bijoux qui lui permettent de toujours porter sur lui l'image de ses animaux préférés.

C'est aussi l'amour des animaux, des rapaces en tout cas, qui poussa un prince arabe à commander chez Mellerio une dizaine de statuettes représentant des faucons. Chacune le représentant dans une attitude différente, au repos, en plein vol, ailes déployées prenant son essor. Toutes sont couvertes d'or, le ventre est en pierres précieuses ainsi que les yeux et le sommet de la tête. Les serres sont posées sur des blocs de cornaline ou d'améthyste. Prix unitaire : 500 000 francs.

Clients généreux mais exigeants, les princes de l'or noir, s'ils dispensent sans compter leur manne sur la place Vendôme, ou ses équivalents dans le monde, ont une façon très particulière d'acheter. Ils respectent un rituel qui ne doit pas être contrarié. Souvent nombreux, princes, secrétaires et gardes du corps se concertent avant l'achat. Ils se réunissent dans un salon et étudient, de longs moments, les parures et joyaux qui leur sont présentés. Les pièces étincelantes, multicolores, passent de mains en mains. Attitude légitime lorsque l'on sait que la visite peut se conclure par la signature d'un chèque de 100 millions de francs. A ce prix, on a le droit de prendre son temps, et de demander, comme les Ben Saoud - famille royale d'Arabie Saoudite - à Mauboussin, de fermer le magasin afin d'être tranquilles.

Aujourd'hui, la plupart des règlements s'effectuent par virement, chèques ou carte American Express, même si régulièrement des clients ouvrent sur le comptoir un attaché-case bourré de billets, francs, dollars ou autres. Tous les gros clients ne viennent pas accompagnés d'une multitude d'assistants ou parents. Certains opèrent en solitaires.

Un jour de 1982, en fin d'après-midi, un jeune Arabe pénètre dans les salons de Van Cleef & Arpels. Philippe Arpels renseigne lui-même ce client qui déclare rechercher un diamant d'une vingtaine de carats : « Nous lui demandons alors quel est son budget. "Je n'ai pas de limite", répond-il. Nous lui proposons de repasser le lendemain à 15 heures, afin de nous laisser le temps de trouver une telle pierre. Le vendredi donc, il arrive exactement à l'heure. Nous lui proposons une pierre qui lui convient tout à fait. Au moment de payer - plusieurs millions de francs -, il exhibe une lettre de son banquier à Londres. Sur le document celui-ci se porte garant de son client dont le compte est crédité de 20 millions de dollars. Nous téléphonons tout de même, discrètement, afin de vérifier. Sa banque à Londres confirme. Il faisait ainsi tous ses achats importants en montrant cette simple lettre. »

Pratique pour acheter un diamant, ce mode de paiement doit s'avérer singulièrement compliqué pour acheter un paquet de cigarettes chez un buraliste peu au fait des règlements financiers internationaux.

Tous les princes ne se déplacent pas eux-mêmes pour faire leurs achats. Le richissime sultan de Brunei, s'il achète régulièrement des joyaux chez Cartier, n'a jamais mis les pieds dans le magasin. Il fait venir des vendeurs chez lui ou à son hôtel. Ce sont parfois aussi des émissaires, ses chambellans, qui viennent voir les nouveautés et lui racontent ensuite ce qu'ils ont vu. C'est ainsi qu'il a acquis récemment - en janvier 1984 - un ravissant diamant rose en forme de cœur, pesant 14,70 carats et 25 millions de francs.

Présenter des collections dans les pays du Golfe n'est pas toujours une partie de plaisir pour les joailliers. Cela peut même être nerveusement éprouvant. Il y a quelque temps, alors qu'il se rendait à Abu Dhabi, avec trois assistants, Alain Boucheron a eu quelques émotions.

« Nous transitions à Dubayy, se souvient-il. Nous attendions dans le hall de l'aéroport, et nous avions avec nous une mallette contenant 40 millions de francs en bijoux de toutes sortes. Sans s'en rendre compte, chacun de nous quatre est allé faire une course, cigarettes, journaux, etc. J'ai été le premier à revenir et j'ai réalisé avec horreur que pendant un long moment la mallette était restée seule. Elle était là, bien en vue, sur les autres valises. Je ne voyais qu'elle au milieu de ce hall. »

Les voyages dans cette région sont décidément pleins d'imprévus. A la même période, Alain Boucheron va présenter ses nouvelles parures à une cliente saoudienne qui paie en liquide. Plusieurs millions qu'il faut d'abord stocker dans deux grosses « Samsonite ». Les bagages sont di-

214

rectement portés à la banque locale où, pendant trois heures, sept personnes vérifient la somme.

Malgré ces petits aléas, se déplacer pour rencontrer un client se révèle souvent une opération fructueuse. Surtout si celui-ci, malade, s'ennuyant dans sa chambre de clinique, n'a plus que quelques bijoux pour se distraire un peu. Alors qu'il était encore chez Bulgari à Paris, Juan Carlos Bernsau a eu à intervenir de cette façon quasi thérapeutique.

« En 1983, nous recevons au magasin un coup de fil d'un prince saoudien. Il est à Londres dans une clinique privée où il s'est fait opérer. Il s'ennuie et nous demande, pour se changer les idées, de lui préparer un petit assortiment de nos nouveautés et de passer les lui montrer. Nous préparons une mallette avec « un peu de tout », suivant ses vœux, réglons les formalités douanières et l'un de nos vendeurs part pour Londres. »

Cette visite amuse beaucoup le convalescent qui trouve la force de faire son choix : montres, bracelets, parures illuminent sa chambre et son cœur. Le bon moment qu'il passe - et le vendeur avec lui - lui coûte 60 millions de francs en bijoux qu'il fait livrer dans plusieurs capitales.

Il y a quelques années, Pascal Morabito reçoit la visite d'une très riche cliente allemande, à une époque où il faisait des inclusions dans de petits cubes en plexiglas transparents :

« Elle m'avait prévenu de sa visite par télé-phone. Elle arrive donc un jour à la boutique. C'est le style de très riche héritière d'une famille industrielle, qui a décidé de tout vendre afin de profiter de la vie. Me tendant un coffret rempli de petits diamants, elle me dit : "Choisissez celui que vous voulez utiliser pour faire l'inclusion." Il y en avait pour plusieurs millions dans le coffret. Je choisis la plus belle pierre. Comme elle était pressée, je me rends quelques jours plus tard chez elle, avec son bijou. Elle me reçoit dans un appartement aux murs ornés de toiles de maîtres. Elle me fait entrer dans son bureau. Dans un coin de la pièce, un coffre largement ouvert. Il est littéralement bourré de billets de 500 francs. »

La joaillerie est probablement le seul métier où un unique très bon client peut suffire à faire vivre très bien et même s'offrir un magasin. Mais c'est une position aléatoire et parfois épuisante. La liberté n'a pas de prix, même si comme Pascal Morabito - décidément voué à subir les fras-ques des femmes riches - une Brésilienne fortu-née vous offre de mensualiser vos créations.

« C'est une fidèle cliente. Elle me propose un jour de m'allouer un budget mensuel d'un mil-lion de francs, uniquement afin que je conçoive des bijoux qu'elle seule porterait. Elle me fournit les thèmes qu'elle désire et moi je crée. L'idée

216

me paraissant séduisante j'accepte. J'ai tenu six mois et j'ai fini par craquer. C'était de l'esclavage. Aujourd'hui, je redoute et refuse ce genre de propositions totalement aliénantes. »

Aujourd'hui, il est heureux de pouvoir faire ce qu'il veut, sa grande passion étant maintenant de détruire les bijoux... Il a commencé à se faire la main avec César, dans les années soixante-dix. C'était l'époque des compressions. Les riches clientes apportaient leurs plus beaux bijoux pour les faire écraser comme de vieilles voitures : « C'était amusant. Les princesses venaient avec leurs tiares, diadèmes et autres bijoux de famille. Elles payaient pour les faire réduire à l'état d'un bloc d'or et de pierres précieuses. » Désormais, il détruit les bijoux de famille mais a légèrement changé sa formule. Il fait des compositions. La cliente lui apporte ses bijoux, il les hache menu, en fait une inclusion dans un bloc de plexiglas et demande de 10 à 15 000 francs de façon.

Les diamants pesant des dizaines de carats, les montres en or massif, les bijoux concassés sont d'une banalité affligeante. Ce qui l'est beaucoup moins, ce sont les bijoux vivants d'Iris Cler. Propriétaire d'une galerie de peinture à Paris, elle s'est rendue célèbre en exposant des détritus, prenant au mot un artiste qui lui avait déclaré que l'art moderne contemporain était digne de passer à la poubelle plus qu'à la postérité. L'ex-

position fait encore plus de bruit lorsque son ins-
tigatrice invite la Garde Républicaine à l'inauguration. Un jour elle rend visite à Gérard Blaise,
couturier chez lequel elle s'habille. Alors qu'ils
discutent, celui-ci a le regard attiré par le bijou
qui orne son chemisier :

« J'ai l'impression que votre broche bouge.

- Bien sûr qu'elle bouge, c'est un scarabée vivant. Une fine chaînette en or relie sa carapace à
la broche proprement dite. Ainsi attaché, comme
à une longe, il est libre de ses mouvements. »

Rassuré sur l'état de sa vue, Gérard Blaise put
constater qu'en plus de la chaînette, le scarabée -
ou ce qu'il en reste - est serti de petites pierres
précieuses multicolores. Animal doux et affec-
tueux, la seule difficulté qu'il présente est, aux
dires de sa maîtresse, son régime alimentaire :

« Il faut que je rachète un bonzaï car c'est la
seule nourriture qu'il accepte d'avaler... »

11.

De la Rolls au ballon dirigeable

Le « Spirit of Ecstasy » est :

Une marque de whisky écossais particulièrement rare ?

Le nom de baptême du premier avion acheté par Howard Hughes ?

Le plus gros diamant du monde ?

La déesse ailée qui orne la calandre des Rolls Royce ?

La devise inscrite au verso des billets de 20 dollars ?

Sur un échantillonnage de cent milliardaires, combien trouveraient la réponse exacte à ce questionnaire apparemment anodin ? Et pourtant, le « Spirit of Ecstasy » familièrement appelé « The Lady », symbolise l'archétype de leur confrérie. C'est en effet ainsi que se nomme la petite statuette placée à l'avant de la voiture la plus célèbre du monde. Devinette subsidiaire :

Qui, à l'heure actuelle, possède le plus grand nombre de Rolls Royce dans son garage ?

Un émir saoudien ? un fermier texan ? la famille royale d'Angleterre ?

Aucun des trois ! Il s'agit de Bhagwan Shri Rajneesh, un gourou indien installé aux États-Unis. Les adeptes de sa secte lui en ont déjà offert quarante-sept, afin qu'il puisse pratiquer la méditation transcendantale pendant le trajet entre deux « paroisses », sans doute. Ce style d'offrande semble répandu au sein des groupes para-religieux puisque les missionnaires de la « Divine light Mission » ont acheté une Rolls dorée pour leur maître spirituel, Maharaj Ji, qui âgé seulement de quatorze ans, devra attendre encore quelque temps pour s'asseoir au volant.

Rêve inaccessible pour le *vulgum pecus*, représentation de la décadence liée à l'argent pour certains, consécration de leur réussite pour les milliardaires, telles sont quelques-unes des images d'Epinal qui gravitent autour de la Rolls Royce. Le catalogue descriptif des différents modèles de la marque porte en exergue cette phrase :

"Simply the best car in the world" (« simplement la meilleure voiture du monde »).

Pour une fois, inutile de faire appel au B.V.P. (Bureau de vérification de la publicité). Celle-ci n'est pas mensongère - si tant est que ce

220

constructeur ait encore besoin de conforter sa réputation par de tels slogans. Au diable l'antisnobisme ! L'habillage extérieur semble se banaliser ? Qu'importe ! L'aménagement intérieur demeure identique : tableau de bord et marqueterie en noyer de Lombardie, sellerie de cuir Connolly, épaisse moquette Vilton, climatisation totale, moteur aussi silencieux qu'infaillible, et le tout presque entièrement réalisé à la main par des artisans.

Un tel luxe mérite bien son prix : 910 000 francs pour les modèles de base comme la Silver Spur, la Silver Spirit, ou la Corniche (décapotable), 1 420 000 francs pour la Camargue (coupé), 1 500 000 francs pour la Silver Spur limousine (allongée de 91 cm) et 1 700 000 francs pour la Phantom (uniquement sur commande). Sans compter les transformations supplémentaires comme le blindage complet : 977 500 francs. Rien d'anormal donc à ce que la Rolls Royce blindée du Cheik Yamani coûte 300 000 dollars.

Aristote Onassis fut le premier à équiper la sienne d'un réfrigérateur. John Lennon y avait même fait installer un lit. Mais on a vu plus excentrique, surtout chez les princes indiens. L'un d'entre eux s'en servait uniquement comme benne à ordures. Un autre s'amusait à incruster des pierres précieuses partout où cela était possible. Un troisième, élevé en Normandie, réussit à faire recouvrir de chaume le toit de sa Silver Cloud.

Désormais, les propriétaires de Rolls Royce ont modéré leurs caprices. La clientèle ne se recrute plus uniquement auprès des riches oisifs, mais également parmi les hommes d'affaires, qui utilisent ce véritable salon roulant comme bureau. Préférant passer inaperçus, ils se contentent des petits gadgets qui agrémentent l'ordinaire dans les embouteillages : télévision, magnétoscope, téléphone, ou, pratique avant les dîners en ville, un vanity case ainsi qu'un bar incorporé dans l'accoudoir.

Mais chez les concessionnaires Rolls Royce, on n'a pas pu, non plus, endiguer le « réflexe de crise » qui grippe bon nombre de demandes d'immatriculation. M. Moule, directeur de la Franco-Britannic Automobiles, distributeur exclusif pour la France, admet qu'à l'intérieur de nos frontières la Rolls fait fuir les milliardaires :

« Nos clients ne veulent plus afficher leur fortune aussi ouvertement. Ils la délaissent au profit de voitures moins chères comme la Jaguar 4 litres 2 (225 000 francs) ou la Bentley Turbo (680 000 francs). Pour l'année 1984-85, nous avons vendu cent Rolls Royce neuves et cinquante d'occasion. Surtout à des P.-D.G. de P.M.E., des marchands immobiliers et quelques membres des professions libérales.

222

De la Rolls au ballon dirigeable

Aujourd'hui, les personnalités du spectacle ou de la politique préfèrent les louer pour une courte durée. Nous avons dû redéployer notre chiffre d'affaires vers les pays du Golfe. Un Arabe m'a commandé une dizaine de Rolls avec équipement de série. Seule la couleur est différente. En ce qui concerne la Silver Spur limousine, six seulement ont quitté notre garage. L'une est partie pour l'Extrême-Orient, quatre pour une famille d'Arabie Saoudite et la dernière pour un riche Français. »

Les paiements en liquide sont formellement interdits par la loi. Pourtant, il n'y a pas très longtemps, un Saoudien est entré dans son bureau avec une mallette contenant 100 000 dollars, probablement pas déclarés à la douane.

« Je veux acheter une Rolls Royce.

- Même avec la meilleure volonté du monde, je n'ai pas le droit d'accepter votre argent », lui a répondu M. Moule.

Après les avoir traités de tous les noms, le client, ne comprenant toujours pas pourquoi on n'accédait pas à sa requête, claqua la porte. L'histoire ne dit pas s'il a renoncé à son achat, ou s'il s'est rendu chez un concessionnaire étranger.

Une autre anecdote récente reflète la grande morosité du marché :

« Un matin, raconte le directeur de la Franco-Britannic, le secrétaire d'un Français me téléphone car son patron souhaite acquérir une Silver Spur limousine. Je conduis donc la voiture à son hôtel particulier. Je me souviens qu'il faisait un temps superbe, ce qui en matière de vente est un atout supplémentaire. Deux jours après, n'ayant toujours pas reçu de réponse, je retourne chercher la voiture. Le secrétaire m'annonce froidement :

« Cela ne l'intéresse plus. »

Une semaine passe, et je reçois à nouveau un coup de fil de sa part :

« Auriez-vous d'autres modèles à nous proposer ?

- J'ai en ce moment une petite Mercedes. Si vous le souhaitez je peux vous l'amener. »

Il pleuvait abondamment, le prix était fort raisonnable ; l'affaire se conclut en dix minutes...

Jean Charles, l'importateur de toute la gamme General Motors, affiche le même pessimisme :

« La hausse du dollar nous a fait perdre beaucoup de clients. Une Buick, une Cadillac qui coûtaient 150 000 francs, valent aujourd'hui 4 à 600 000 francs. Toutes les personnalités qui aimaient les grosses voitures américaines hésitent maintenant à se les offrir en raison du fisc. Elles se rabattent sur les petites Chevrolet ou les Jeep (220 000 francs). Mais afin de passer inaperçues, elles achètent français. »

Constatation identique auprès de J.B. Automobiles, spécialiste des Ferrari, Maserati, Porsche. En ce qui concerne les Lamborghini (de 350 à 750 000 francs) dix-sept modèles ont été vendus en France en 1983 et moins d'une dizaine cette année. Il est vrai qu'avec les radars et les limitations de vitesse, il est plutôt frustrant de posséder une voiture qui atteint 290 km/h. A moins que, à l'instar de cet importateur de matériel Hi-Fi, qui préfère rester anonyme, on profite d'un circuit automobile dans son parc.

Chez les milliardaires, on semble donc se rabattre sur la location de voitures prestigieuses. C'est moins dangereux, moins onéreux et sans doute plus rentable. 1 340 francs par jour pour une Rolls Royce, 3 000 francs avec chauffeur, bar, téléphone, journaux et possibilité de bénéficier du secrétariat de la société loueuse, Fast International. Juste le temps nécessaire pour impressionner un client japonais, et regagner ensuite son appartement en taxi.

J.K.L. propose la location d'une semaine, kilométrage illimité et chauffeur pour 18 000 francs, mais également des forfaits de trois jours, 9 220 francs, au volant d'une Ferrari Quattrovalvo 308. Les amateurs de week-end à Deauville ou Saint-Tropez apprécieront sûrement.

Il y a peu de chance pour que, dans la décennie à venir, on assiste à un retournement de situation. Alors, comme pour se consoler, les constructeurs évoquent avec nostalgie l'époque où, au Salon de l'Auto de Genève, le prince Turky et ses frères dépensèrent, en un après-midi, plus d'un million de dollars pour : deux Rolls, deux Mercedes, une Maserati, une Lotus Esprit et une Ferrari Dino. Les domestiques ne furent pas oubliés puisqu'ils eurent droit à une Cadillac ainsi qu'une Chevrolet.

Quant à Franco Sbarro, créateur de luxueuses berlines, il doit avoir bien du mal à trouver des acquéreurs pour sa dernière œuvre, la « Challenge » : 280 km/h, 300 chevaux, 800 000 francs. Ce bolide est équipé de deux portes à ouverture verticale, d'ailerons pour la stabilité et le freinage, et d'un système d'injection d'air dans les sièges afin d'en modifier le dessin suivant la morphologie des passagers. Inutile de chercher les rétroviseurs, il n'y en a pas. Une caméra vidéo, installée dans l'aile arrière, retransmet sur un écran tout ce qui se passe sur les côtés.

A Los Angeles, l'Eldorado des milliardaires, les Rolls Royce sont presque aussi nombreuses que les palmiers. L'accumulation des signes extérieurs de richesse n'a rien de péjoratif, au contraire. Le propriétaire d'une seule Mercedes ou Ferrari fait quasiment figure d'employé de banque :

« La plupart des habitants de cette ville veulent et aiment être vus. Ils ne sont pas intéressés par les limousines classiques parce que l'on peut en voir à chaque coin de rue », explique Ed Tillmann, le propriétaire de la société Eddy's Exotic Limous, un garage spécialisé dans la vente de voitures aussi longues qu'un autocar.

Par goût du défi, autant que par exhibitionnisme, il a coupé sa Lincoln blanche en deux, et y a rajouté, au milieu, une portion d'un mètre de long. Cet aménagement a fait de sa voiture la plus allongée de Beverly Hills. Pendant quelque temps seulement, car cette mode s'est très rapidement répandue. Décidé à rester le leader de sa catégorie, Ed rajoute encore 1 mètre 60 à son équipage, qui mesure désormais 32 pieds, soit environ 11 mètres. Vexé parce que son voisin venait d'entrer dans le livre Guiness des records avec sa limousine de 40 pieds, Ed décide alors de cesser là une surenchère tout aussi loufoque qu'inutile et se reconvertit dans l'installation de piscines roulantes. Il vient d'acheter une Lincoln, (250 000 dollars), dont les sièges sont recouverts de housses en vison. Le coffre est décoré de mosaïques et aménagé en jacuzzi pouvant accueillir quatre adultes. Louée 2 500 francs les soixante minutes, nul doute qu'Ed arrive à la rentabiliser rapidement.

Surnommé « le magicien de Hambourg », Chris Hahn transforme les carrosseries :

227

« Puisque la firme Mercedes a décidé d'abandonner la production des spacieuses 600, s'est dit ce garagiste, je vais proposer, moyennant 270 000 francs, de couper une Mercedes 500 en deux et la rallonger de 60 centimètres. »

Ses principaux clients ? Les émirats. Ils peuvent tout lui demander. Même une calandre en or ou des portières en ailes de papillon. Pour le cheik Hamdad ibn Hamdan al Nahayan, d'Abu Dhabi, Chris a doté une Mercedes 500 d'une volière - pour la chasse au faucon dans le désert - d'un ordinateur, de la télévision, d'un téléphone, - son client possède son propre satellite de télécommunication - et d'un bar. Le levier de changement de vitesse est remplacé par une tête de faucon en bois précieux, les sièges sont recouverts de soie et les vitres à l'épreuve des balles. Cette voiture coûte 2,1 millions de francs.

Les deux passions de Malcolm Forbes sont les motos - il en possède 86 - et le ballon dirigeable. Il y a deux ans, ce milliardaire a survolé le Pakistan. En 1984, avec une montgolfière en forme de sphinx, il a visité l'Égypte. Ce printemps, avec un ballon-éléphant d'une envergure de 30 mètres sur 30, chauffé au gaz butane, Forbes s'est rendu en Thailande, en Malaisie, puis à Singapour, profitant de chaque étape pour régler ses affaires.

228

De la Rolls au ballon dirigeable

Tout milliardaire ou homme d'affaires se doit d'avoir son propre avion. Bernard Tapie pilote lui-même son Jet Corvette. Akram Ojjeh, outre sa dizaine de Rolls Royce et sa trentaine de Mercedes, dispose de deux Boeing 707, d'un Mystère 20 et de quatre Falcon. Certains avions privés sont aussi superbement aménagés qu'une résidence secondaire ou que la suite présidentielle d'un palace. Dans le Boeing d'Armand Hammer, les sièges sont en cuir de couleur rouille, le mobilier en acajou, et la moquette dans les tons crème. Il jouit de deux salons, deux chambres, d'une salle à manger et d'un bar.

Pour contempler le paysage, tout en survolant les continents, Adnan Kashoggi a fait équiper son DC 8 personnel d'un circuit vidéo relié à des caméras fixées sous la carlingue. Quant au roi Fahd, son Boeing dispose de six télévisions et d'une salle de bains plaquée or.

Les déplacements des stars du rock ne sont pas sans rappeler les voyages de certaines délégations gouvernementales :

« David Bowie, ou les Rolling Stones ne prennent jamais des avions de ligne, raconte Aline Claude, de chez K.C.P. Lorsqu'ils viennent en France, nous louons, pour la circonstance, l'un des nombreux jets que possède un cheik arabe. Il comprend un immense salon avec de larges et confortables banquettes en vis-à-vis, de beaux tapis sur une épaisse moquette, un bar, une salle de bains et une chambre avec de grands miroirs et de la fourrure sur les murs. Il y a également une télévision avec un magnétoscope pour les longs trajets. Les arrivées avec meutes de photographes et de groupies, cela tient de la mythologie. Cinq ou six 604 ou Mercedes les attendent directement en bas de l'avion. Nous leur évitons ainsi, en accord avec les autorités, le passage de la douane. »

A Djedda, le cheik Salim s'amuse avec ses quatre jets en attendant de pouvoir trouver, dans une vente aux enchères, l'objet de ses rêves : un Spitfire (chasseur de la bataille d'Angleterre) qui viendra compléter sa flottille personnelle.

La rentabilité d'une Rolls Royce est moins sujette à caution que celle d'un avion. Jean-Baptiste Doumeng, qui en possède quatre, loue ceux dont il ne se sert pas. Les sociétés d'Avion-Taxi, les loueurs de jets, ont vite compris l'intérêt qu'il y a occuper un tel créneau. Leurs tarifs atteignent des sommets. 23 000 francs pour deux heures d'utilisation, soit tout juste le temps d'un Paris-Milan. Un billet en première classe, sur une compagnie aérienne classique, voire sur le Concorde revient approximativement au même prix. Un milliardaire devrait songer à instaurer un système de « carte orange » de l'air. Mais en attendant de pouvoir aller faire quelques courses sur une station orbitale proche de Mars ou Vénus, les gens fortunés doivent, pour l'instant, se contenter des cinq continents et des mers qui les relient les uns aux autres.

Si les corsaires de jadis remontaient à la surface, ils rencontreraient bien des écueils pour attaquer les yachts sillonnant actuellement les océans, tant les richesses qu'ils recèlent sont protégées. Outre la crainte de voir surgir un hypothétique pavillon à tête de mort, il semble plutôt que ce soit la peur d'un conflit nucléaire, ou des terroristes, qui pousse certains à transformer leurs palais flottant en porte-avion. Ils pourront toujours y trouver refuge.

Dans cette optique l'*Abdul Aziz*, véritable paquebot de plus de 144 mètres de long et de cinq étages, qui a coûté 36 milliards de centimes à son propriétaire, le roi Fahd d'Arabie Saoudite, en est la parfaite illustration. Les chantiers navals de Southampton ont aménagé des sols de marbre, des cabines décorées d'ébène et de teck, des murs tapissés de toiles de maîtres (Dufy, Picasso), des poignées de porte en argent, des robinets en or massif, des baignoires en lapis-lazuli. Et dans sa chambre, en forme de fer à cheval, le souverain couche dans un lit à pieds de cygne, en or également. Les salons, chambres d'amis et salles à manger sont signés David Hicks, le plus grand décorateur anglais. Les distractions n'ont pas été oubliées : salle de bal, solarium, saunas, piscines intérieures et extérieures de dimension olympique. Quant à la sécurité tout a été prévu : bloc opératoire ultra-moderne, aire d'atterrissage pour hélicoptère, détecteur d'exocets, sur le pont avant, berceau à missiles antiaériens, sur le pont arrière. Les hublots, les baies vitrées et la Rolls Royce, qui peut monter jusqu'au pont promenade, sont bien évidemment blindés.

Adnan Kashoggi aime organiser des week-ends sur le *Nabila,* son yacht de 86 mètres, évalué à 103 000 000 de francs, et généralement ancré dans le port de Monte-Carlo. Afin que ses amis puissent se rendre sur place, il met à leur disposition l'un de ses trois ou quatre avions privés. Une fois à bord, les « apprentis milliardaires » doivent se soumettre à un petit jeu moins innocent qu'il n'y paraît. L'amphitryon ouvre devant eux une cassette remplie de dollars, de pierres précieuses, et leur demande d'en évaluer approximativement la valeur en une minute.

« C'est en fonction de la rapidité avec laquelle ils répondent que je suis en mesure de formuler un pronostic sur leur carrière. Ceux qui en soixante secondes sont incapables d'apprécier les chances qu'ils ont de devenir riches ne méritent pas de l'être un jour », dit-il.

Une manière comme une autre de rester humble et de se rappeler le mot fameux de Jean-Paul Getty :

« Si vous savez exactement quelle est votre richesse, vous n'êtes pas réellement riche. »

L'excentricité n'est pas de mise sur le *Britannia,* yacht de la famille royale anglaise. Contrairement aux autres bâtiments de la planète, son nom n'apparaît quasiment nulle part. Ni sur la proue - pourtant décorée aux armes de Sa Majesté -, ni sur les uniformes, et encore moins dans les conversations. Les initiés se bornent à dire : « le yacht ». A bord, une seule consigne : « simplicité ». Mais suivant un protocole bien établi...

Les 256 hommes d'équipage et les 21 officiers sont appelés par leur prénom et aucun d'entre eux n'arbore cette barbe si répandue chez les navigateurs. Sur le pont supérieur, qualifié de royal puisque l'on y trouve les cabines de sa gracieuse majesté, ils ne portent pas de casquette, et ne sont donc pas obligés de saluer leurs supérieurs ou les personnalités. Ils marquent simplement un temps d'arrêt et laissent le passage. C'est avec le même souci de discrétion et de confort que les ordres nécessaires à la navigation sont donnés :

par gestes. Un code compliqué de signaux manuels évite aux officiers de hurler les manœuvres. Pour l'équipage, le grand moment, c'est encore quand la reine ou l'un des membres de la famille royale les convient à dîner. Comme le confie le commandant Stone :

« Nul ne peut jouer le blasé lorsqu'il s'agit de prendre son repas avec la reine. »

Outre le *Britannia,* dont les frais d'entretien annuels s'élèvent à 30 millions de francs, plusieurs avions et voitures, la souveraine britannique dispose, depuis peu, d'un train blindé « antiterroristes ». Capable de résister à l'assaut de roquettes, de repérer un obstacle de nuit, sur la voie ferrée - grâce à son radar à infrarouges - il possède une réserve d'oxygène et une petite trappe permettant de s'enfuir lors d'une attaque aux gaz ou aux grenades lacrymogènes. Son coût, 7,5 millions de livres, choque certains députés travaillistes qui souhaitent aussi voir arrêter la construction de deux nouveaux avions royaux, dont la facture s'élève à 40 millions de livres.

Et les yachts à voile ? Finesse, grâce et performances... L'un des plus impressionnants voguant actuellement s'appelle le *Raphaelo.* Ce trois-mâts appartient à une famille du Moyen-Orient. Il mesure 40 mètres de long. Entièrement noir, l'intérieur paraît sombre en raison de son aménagement · boiseries vernies, cuivre et cuir. Luxueux mais classique, il est équipé du dernier cri en matière de technologie de navigation : sa console informatique reliée à un satellite lui permet de faire le point automatiquement avec une précision de l'ordre de quatre cents mètres.

Le *White Gull,* un deux-mâts de 10 millions de dollars, a un propriétaire provisoire : c'est un riche Américain qui cherche à s'en séparer en raison d'un différend qui l'oppose au constructeur italien. Cette merveille n'a passé que quelques jours en mer. Ses caractéristiques sont rares, même dans le domaine des gros yachts. Conçu comme un excellent voilier autant qu'un bateau à moteur, il est doté de 1 600 m² de voilure, mesure 47 mètres de long, et il est propulsé par deux diesels Caterpillar de 520 CV chacun. Sa vitesse de croisière, 13,5 nœuds, peut être dépassée lorsque, toutes voiles dehors, les vents soufflent favorablement. La navigation et la sécurité ont été particulièrement soignées puisque tous les instruments et appareils électroniques (radar, pilotage automatique) sont doublés. Chaque cabine est équipée d'un terminal de l'ordinateur de bord. Ceci permet à son occupant de connaître instantanément la vitesse, la force du vent, la position, la direction et la route du navire. Ce système, basé sur une liaison avec un satellite, évite le maniement du sextant. Il y a également une citerne de mille litres d'eau d'Evian, équipée de pompes filtrantes, dont la fonction prioritaire est la fabrication des glaçons...

Tout le pont supérieur, en teck et cuivre, est éclairé par de larges baies vitrées. On y trouve la chambre du propriétaire, la salle de bains, la salle à manger, le grand salon et celui de pont. Le niveau inférieur est consacré aux cabines de l'équipage (dix hommes), et aux trois cabines d'invités, avec leurs salles de bains et un matériel pour projeter des films vidéo. Sans oublier, un peu plus loin, la lingerie et les chambres froides. Enfin, chaque pièce dispose d'un téléphone qui permet d'entrer en liaison avec la terre.

Cependant, le plus beau voilier du monde est sûrement le *Jessica,* un trois-mâts blanc de 65 mètres de long, qui appartient à Carlos Perdomo, un Argentin. Construit à Palma de Majorque en l'honneur de son épouse et comme gage de son amour, ce yacht circule sur toutes les mers puisque le couple en a fait sa résidence principale. Le travail du bois (acajou et teck) est extrêmement soigné. Les canapés, les fauteuils sont en cuir vert et proviennent du même fournisseur que Rolls Royce. Coussins et rideaux sont confectionnés dans un tissu de Laura Ashley, les planchers supportent de larges tapis pakistanais, la vaisselle est en porcelaine de Limoges. Comme tous les bateaux de cette envergure et de cette classe, le *Jessica* fourmille de systèmes de navigation et de sécurité (radars, infrarouge) sophistiqués. En cas de faillite des alarmes, deux Staffordshire terriers, redoutables chiens de combat, veillent sur les collections de défenses d'éléphants (leur maître adore la chasse) et sur les objets rares comme ces dents de cachalot sculptées, présentées dans les vitrines du salon.

Mais sur mer, comme sur terre ou dans les airs, les milliardaires recherchent l'ivresse de la vitesse. Il faut posséder une « cigarette », ce bateau de plaisance aux allures de hors-bord qui glisse aussi vite sur l'eau qu'une formule 1 sur le circuit de Monza. Rien de plus naturel donc que se soit le coureur automobile Didier Pironi qui, en France, s'occupe de l'importation des « offshore » Lamborghini :

« Leurs prix varient entre 800 000 et 2,5 millions de francs. Ils peuvent atteindre 160 kilomètres/heure. J'en vends cinq ou six par an. Une fois seulement, deux jeunes Arabes m'en ont pris deux d'un coup. »

12.

Comment ils perdent leur argent

Une grande maison à la périphérie de Paris. Nuit de samedi à dimanche. Il est 3 heures du matin. Depuis la veille 18 heures, six hommes sont réunis autour d'une table dont ils n'ont pas bougé. Pourtant, ils ne sont pas fatigués, simplement concentrés sur leurs cartes. Pour eux, cette partie de poker ne fait que commencer. Elle se terminera à peu près à la même heure le lendemain.

Un flou pudique les entoure. Pierre Salinger, directeur de l'antenne ABC, une des chaînes américaines à Paris et ancien attaché de presse du président Kennedy, est plus précis : « Il m'est arrivé d'assister à des week-ends poker. Plusieurs tables jouent en même temps. Les pertes sont en général difficiles à connaître ». Les gros joueurs ne se ruinent plus en une seule nuit comme par le passé. Le baron Empain est formel, cela peut prendre du temps. Lorsqu'on a beaucoup d'argent, il faut avoir - selon lui - de la patience pour le perdre :

« Personnellement, j'ai constaté que sur une longue période, bonnes et mauvaises passes finissaient par s'équilibrer. Quelqu'un qui joue une fois par semaine en moyenne peut "sortir" sur plusieurs années 2 ou 3 millions, parfois plus, mais ce qu'il gagnera correspondra à peu près à cela aussi. Par contre, il existe des passionnés malchanceux et flambeurs qui arrivent à se ruiner en huit ou dix ans. »

Les vrais amateurs ne se lancent pas dans une partie n'importe comment. Les journaux évoquent régulièrement les championnats du monde de poker qui se déroulent chaque année à Las Vegas et qui rassemblent dans une même ferveur professionnels et amateurs, dont Telly Savalas, l'interprète chauve de Kojak, le seul policier de la télévision à être friand de sucettes. Pour cette compétition, les participants se préparent comme de véritables sportifs de haut niveau. A une moindre échelle, les joueurs qui nous intéressent se conditionnent de la même façon : jogging, vie saine et réglée, préparation à la partie. Lorsque celle-ci a lieu, l'ambiance est beaucoup moins pittoresque que dans les parties de cinéma. Le bourbon ne coule pas à flot. Il est avantageusement remplacé par l'eau minérale et les jus de fruits, qui ne risquent pas d'altérer les capacités de concentration et de calcul de ces champions - les sommes en jeu dissuadant ceux-ci du moindre écart. L'atmosphère autour des tables est ascétique et même lorsque la rencontre dure trente-cinq heures, les pauses sont rares et courtes. A peine quinze minutes de temps en temps pour avaler une rapide collation.

On comprend mieux alors que des néophytes connaissent quelques déboires face à de tels athlètes. En une seule soirée, le prince Turki, d'Arabie Saoudite a perdu 7,5 millions de francs. Il n'eut aucune chance, le résultat le prouve. Les connaisseurs, comme Edouard-Jean Empain, lorsqu'ils pénètrent dans un cercle ou un casino, prennent parfois la précaution de s'entourer de garde-fous pour éviter ce type de désagrément :

« Je vais parfois jouer en compagnie de proches qui sont là afin de me surveiller et m'empêcher de me laisser entraîner. »

Les établissements en question sont bien sûr le lieu de prédilection des riches - et des autres - flambeurs du monde entier. La France et Monte-Carlo offrent largement de quoi épancher leur soif d'émotions fortes. Pourtant à entendre les directeurs et propriétaires comme Lucien Barrière, depuis des années, il ne se passe plus grand-chose autour des tapis verts. Ne viennent plus que les retraités, quelques touristes étrangers aux moyens limités et deux ou trois originaux, pour le pittoresque. Les joueurs eux-mêmes abondent dans ce sens, affirmant que la vérité des casinos est beaucoup moins fascinante que leur légende.

Il faudrait remonter à l'entre-deux guerres pour trouver des histoires à la hauteur des mythes, sur fond de suicides et belles actrices. Ne soyons pas nostalgiques, il reste encore des gens capables de jouer et de perdre beaucoup d'argent. Le prince Turki, déjà évoqué, est l'un d'eux. Il oublie vite les mauvais moments et distribue de très généreux pourboires. On ne lui refuse rien. Naguère il avait fait entrer avec lui ses enfants mineurs afin que ceux-ci supportent leur papa autour de la table. C'est formellement interdit, mais il a bénéficié d'une petite entorse au règlement.

Début 1980, il avait laissé 20 millions de francs au coffre du Palm Beach de Cannes afin d'avoir une petite cagnotte à mettre sur le tapis à tout moment, quand l'envie lui en prenait.

Il peut être moins gênant d'emmener ses enfants que sa femme. Cet industriel italien qui vient régulièrement sur la Côte d'Azur doit en être convaincu. Sa charmante moitié l'accompagne dans ses escapades nocturnes autour de la roulette. Elle aussi est joueuse, et possède de surcroît un certain sens de l'humour que son mari ne goûte peut-être pas. Car, elle, parie sur les pertes de celui-ci, mettant en péril la cohésion du ménage.

Ses compatriotes qui gagnèrent un jour 3 millions de francs eurent plus de chance. Reconnaissants, ils se jetèrent à genoux pour remercier la Vierge de cette manne qui leur tombait du ciel. La scène, qui se déroulait à Divonne, a dû laisser perplexe cet Iranien qui, au même endroit perdit, gagna et reperdit à nouveau 10 millions de francs.

Édouard-Jean Empain était connu, il n'y a pas si longtemps, pour laisser quelques plumes régulièrement au Palm Beach. Ses garde-fous étaient probablement absents ou inefficaces. Aujourd'hui, il paraît avoir choisi d'être plus discret. Sans doute parce qu'il ne tient pas à être le plus célèbre joueur de France.

Dans le monde entier, en Europe, mais aussi aux États-Unis et ailleurs, les casinos essaient d'attirer la clientèle riche. Les navettes à destination de Las Vegas ou d'Atlantic City sont de plus en plus fréquentes. De même que des offres telles que celle-ci lancée par le Tropicana de Las Vegas. Moyennant le dépôt d'une garantie de 200 000 francs, il propose aux amateurs un billet d'avion Paris-Paris, un séjour dans l'établissement, une dégustation de vieux crus californiens ; enfin une voiture est mise à leur disposition. Mais le moment fort du séjour, c'est un tournoi de craps dont le nombre de participants est limité à cent et qui est doté d'un prix d'un million de dollars. Les joueurs pour lesquels la chance n'est pas au rendez-vous récupèrent la moitié de leur « caution », soit 100 000 francs. Ils n'ont pas tout perdu, mais font connaissance du même coup avec les dures lois du commerce. Dans le prospectus qu'ils ont reçu, les conviant à venir, la direction du Tropicana parlait presque de cadeau de sa part. Si tel est le cas, les 10 millions de centimes laissés à ses bons soins sont un pourboire royal.

Le jeu n'est pas la seule façon de perdre son argent. La vie privée offre les mêmes possibilités. Il serait mal venu de parler ici de certaines fantaisies telles que call-girls, dames de petite vertu et autres gigolos. Sans aller jusqu'à aborder ces délicats sujets, il reste un domaine dont certains journaux font leurs choux gras, et qui apparaît aux intéressés comme le tonneau des Danaïdes : le divorce.

Le montant des pensions est à la hauteur de la fortune et des revenus. Seulement, ceux-ci sont tels, que les sommes distribuées mensuellement suffiraient largement, dans certains cas, à faire vivre confortablement une famille entière pendant un an, voire un siècle.

Comment ils perdent leur argent

L'un des derniers exemples en date : celui de la baronne Thyssen, ex-épouse du milliardaire germano-suisse, propriétaire d'une des plus belles collections d'art du monde. Cette Brésilienne de quarante-trois ans épousait il y a dix-sept ans le magnat de l'acier. Ils ont un enfant de dix ans, Alexander. Il y a peu, Denise Thyssen attaquait son mari en justice afin de lui réclamer ce qu'elle estimait être son minimum vital. Son calcul s'établissait de la manière suivante : versement immédiat d'un capital de 550 millions de francs (60 millions de dollars). A partir de là les négociations pouvaient être envisagées concernant une pension mensuelle de 940 000 francs, chiffre considéré par elle comme très raisonnable. Ne parlons pas des quelques maisons et appartements à Marbella, New York, Londres, etc. La baronne légitime ses prétentions en avançant la fortune considérable de son mari : au moins 340 milliards de centimes. Elle est d'ailleurs plus généreuse dans ses approximations puisqu'elle cite le chiffre de 12 milliards de francs lourds. Ces arguments en or n'ont cependant pas convaincu le juge de la cour d'appel de Londres. Il a repoussé sa demande en lui rappelant que son ex-époux avait été suffisamment généreux lors de leur vie commune, en lui offrant un pécule de 200 millions de francs et quelques millions de bijoux que les différentes parties ont eu la délicatesse de ne pas prendre en compte, excepté les 300 millions de francs en joyaux divers que le baron aimerait récupérer, ces objets appartenant à sa famille.

Le magistrat londonien Mr. Griffiths a rendu son jugement avec bon sens :

« La baronne a amplement assez d'argent pour vivre sur un pied qui dépasse l'imagination du commun des mortels. »

Verdict accueilli avec philosophie par l'intéressée qui l'a commenté laconiquement en mâchant du chewing-gum :

« On gagne parfois, parfois on perd aussi. »

Le « commun des mortels » appréciera la perte en question, sachant que la pauvre femme retourne comme une malheureuse à ses multiples résidences, ses élevages de chevaux et son yacht. Seul réconfort pour Denise, elle n'est pas seule face à son triste sort. Elle le partage avec quelques congénères qui font elles aussi partie du club très exclusif des divorcées de haut de gamme.

Début 1985, la justice entérinait la séparation de Susan Sangster d'avec son mari Robert. Celui-ci l'a abandonnée au profit d'une jeune femme de vingt-huit ans, Susan Lilley. L'épouse du milliardaire britannique ne se retrouve pas sans rien. Son ancien conjoint devra lui verser plus de 32 millions dans les cinq prochaines années. Elle peut en plus utiliser gratuitement la maison qu'il possède en Australie, à Sydney - valeur : 90 millions - jusqu'en 1990.

Rita Schlesinger s'en tire bien, elle aussi. Cette femme de cinquante-sept ans, d'origine italienne, ex-championne de patins à roulettes, avait épousé à la fin des années soixante John Schlesinger, soixante-deux ans, financier sud-africain, l'un des magnats du diamant. Ce dernier lui a signé un chèque de 60 millions de francs lorsqu'ils se séparèrent en 1981.

Bjorn Borg fit preuve de fair-play en 1984 lors de l'ultime partie qu'il joua contre Mariana, à l'issue de cinq ans de vie commune. Le champion suédois donna à sa femme un pactole estimé à plus de 30 millions de francs. Que ses supporters se rassurent, il lui en reste largement assez pour couler des jours heureux avec sa nouvelle compagne suédoise. Son compte bancaire atteindrait près de 350 millions de francs, résultat de ses victoires, mais aussi de judicieux placements financiers.

Aux États-Unis, l'une des stars de la télévision américaine, Johnny Carson, cinquante-huit ans, un Michel Drucker puissance 10, a dû payer un confortable cachet à Joanna, quarante-cinq ans, ex-modèle qui fut son épouse pendant une dizaine d'années. Carson, dont l'émission « Tonight Show » est en tête des sondages depuis vingt ans, est considéré comme l'une des plus riches personnalités du petit écran. Il vient d'effectuer un virement qui a allégé ses finances : 250 millions pour Joanna, ce qui l'aidera sûrement à regarder, l'esprit dégagé, les prestations de son mari à la télévision.

Bien qu'extraordinaires, ces sommes ne sont que de l'argent de poche en comparaison de certains cas restés célèbres. Une fois encore, faste et démesure viennent d'Orient. Les pensions demandées échappent à l'entendement du milliardaire moyen. Ainsi Dena Al-Fassi, italienne, a seize ans lorsqu'elle trouve un petit job de vendeuse à Londres. Quelques semaines plus tard, un client se présente à elle. Son nom : Mohammed Al-Fassi. Il a vingt-deux ans et est apparenté à la famille royale d'Arabie Saoudite. Il est très riche. Elle lui plaît, les choses sont menées rondement. Ils se marient peu après. L'union durera huit ans, mais Dena, qui s'entend de plus en plus mal avec son prince des *Mille et Une Nuits*, reste pratiquement prisonnière, cloîtrée, pendant que lui, plus fidèle à la légende des émirs d'Orient qu'à sa femme, passe son temps dans les boîtes de nuit. Elle réussit à s'évader et à prendre un avocat qui demande le divorce. Tous les torts sont du côté de Mohammed.

Maître Marvin Mitchelson, l'avocat - richis-

248

sime lui-même -, propose que soit versée à sa cliente la somme de 30 milliards de francs (lourds évidemment) montant qui correspond à la moitié de la fortune du mari infidèle.

Celui-ci n'attend pas plus longtemps, il quitte les États-Unis et rentre au pays, avant d'avoir à payer une telle fortune. Finalement, le tribunal a accordé à Dena une pension de 620 millions dont, pour l'instant, elle n'a reçu qu'une partie. Il lui reste quand même cinq cents robes de grands couturiers et vingt ou trente manteaux de fourrure. Mais ça ne suffit pas pour vivre.

Marvin Mitchelson eut à traiter une autre affaire, qui elle mérite aussi de rester dans les annales. Elle commence en 1979, lorsqu'une femme entre dans le cabinet du célèbre avocat. Son nom : Soraya Kashoggi. Après treize années de vie commune, elle veut quitter l'homme d'affaires saoudien. Lorsqu'ils se sont connus, elle s'appelait encore Sandra Jarvis, et était une Anglaise de dix-huit ans, vendeuse dans un magasin de Leicester. Après des mois de procédure, Adnan Kashoggi versera à son ex-femme un pactole de près de 6 milliards de francs, dont une grande partie payée cash, le reste étant constitué de diverses propriétés. Montant raisonnable lorsque l'on connaît les prétentions de l'homme de loi de Soraya : il lui conseillait 25 milliards. Rien de moins. Si le résultat est en dessous des espoirs de Mitchelson, celui-ci déclara quand même par la suite :

« Elle n'a plus aucun souci jusqu'à la fin de sa vie. Sauf si elle essaie d'aider un pays en voie de développement. »

Les femmes ne sont pas les seules à bénéficier des largesses, parfois favorisées par la justice, de leurs conjoints.

Mrs. Wilmot en fit l'expérience avec son ancien, mais jeune compagnon. La milliardaire, qui vit en Floride et fit parler de son jardin lorsqu'un super-pétrolier vint s'y échouer à l'issue d'une tempête, comprit qu'elle était riche lorsque son ami la quitta. Grâce à l'argent qu'il avait économisé sur le viatique qu'elle lui allouait et sur la monnaie des commissions, il réussit à créer une agence de publicité.

Le dernier voyage

Que les milliardaires ne soient pas effrayés par la mort, car, pour leur dernier voyage, ils auront encore la possibilité de s'offrir un petit caprice.

Donald Slayton, ancien astronaute du programme Mercury, vient en effet de s'associer avec un consortium de pompes funèbres de Houston. Leur nouvelle société, « Conestoga », projette sérieusement d'envoyer des urnes funéraires en orbite autour de la Terre. Contre 3 900 dollars, l'aller simple - évidemment -, les cendres du défunt seront enfermées dans une petite capsule d'or et de magnésium sur laquelle on gravera son nom, son numéro de sécurité sociale et le symbole de sa religion. Si tout se déroule comme prévu, vers la fin de l'année 1986, un premier convoi mortuaire de 12 000 « âmes » devrait rendre visite à Dieu. La poussière redevient poussière... d'étoiles.

Le moment est venu de redescendre sur terre. Notre voyage au pays des « Riches » s'achève, avec l'histoire la plus émouvante. Il n'y est pas question de rivières de diamants, de kilos de caviar, de Rolls Royce en or massif ou de mallettes débordant de billets verts, mais tout simplement d'amour.

En 1977, à l'enterrement de Maria Callas, parmi les innombrables gerbes, se trouve une couronne d'orchidées blanches et de roses roses - ses fleurs préférées. Sur le ruban, une courte inscription en grec :

« Je ne t'oublierai jamais. »

Ce dernier hommage vient d'Aristote Onassis, décédé deux ans auparavant. Une clause secrète de son testament stipulait que l'on procède ainsi au cas où il viendrait à mourir avant elle.

Sources

Nous tenons à remercier les nombreuses personnes qui nous ont reçus au cours de notre enquête, nous fournissant des renseignements, des anecdotes, des pistes ou des adresses fort précieuses que nous avons pu compléter par quelques lectures :

Léo Sauvage, *Les Américains,* Marabout 1984.
Robert Lacey, *Aristocrats,* Collins 1983.
Andrew Barron, *International Gossip,* Hamish Hamilton 1980.
Linda Blandford, *Oil Sheikhs,* Allen 1976.
William Davis, *The rich,* Sidgwick and Jackson 1982.
Michaël Drosnin, *Citizen Hughes,* Presses de la Renaissance, 1985.

France-Soir, Libération, Paris-Match, Figaro-Magazine, Lui, Sunday Times, Sunday Telegraph, Time Magazine, Newsweek Magazine, Fortune.

Index des noms cités

255

Index des noms cités

257

Index des noms cités

Achevé d'imprimer en septembre 1985
sur presse CAMERON
dans les ateliers de la S.E.P.C.
à Saint-Amand-Montrond (Cher)

ISBN - 2-7158-0537-3
F 2-6540

Dépôt légal : septembre 1985.
N° d'impression : 1517.
Imprimé en France